交通版高等学校交通工程专业规划教材

CHENGSHI DAOLU SHEJI
城市道路设计

韩宝睿　主　编
张慧丽　陆　涛　副主编
程建川　主　审

人民交通出版社股份有限公司
China Communications Press Co.,Ltd.

内 容 提 要

随着城市建设进入精细化阶段,传统的城市道路设计方法和理念也在逐步发生改变。本书引进了近年城市道路更新的一系列相关新规范和新的城市道路设计理念,并结合作者自身从事道路设计研究的体会和成果,编写了该教材。全书共十二章,主要涵盖城市道路网规划、各类道路及交叉口几何设计、道路景观与绿化设计、道路附属设施设计以及道路排水设计等内容。

本书可供高等院校土木工程、交通工程、道路桥梁及渡河工程、城市规划、市政工程相关专业学生学习使用,亦可供城市道路设计人员借鉴参考。

图书在版编目(CIP)数据

城市道路设计/韩宝睿主编.— 北京:人民交通出版社股份有限公司,2017.8(2022.1重印)

交通版高等学校交通工程专业规划教材

ISBN 978-7-114-14088-4

Ⅰ.①城… Ⅱ.①韩… Ⅲ.①城市道路—设计 Ⅳ.①U412.37

中国版本图书馆 CIP 数据核字(2017)第 199643 号

交通版高等学校交通工程专业规划教材
书　　名：城市道路设计
著　作　者：韩宝睿
责任编辑：郭红蕊　闫吉维
出版发行：人民交通出版社股份有限公司
地　　址：(100011)北京市朝阳区安定门外外馆斜街3号
网　　址：http://www.ccpcl.com.cn
销售电话：(010)59757973
总　经　销：人民交通出版社股份有限公司发行部
经　　销：各地新华书店
印　　刷：北京鑫正大印刷有限公司
开　　本：787×1092　1/16
印　　张：11.5
字　　数：263 千
版　　次：2017 年 8 月　第 1 版
印　　次：2022 年 1 月　第 2 次印刷
书　　号：ISBN 978-7-114-14088-4
印　　数：3001—4000 册
定　　价：30.00 元

(有印刷、装订质量问题的图书由本公司负责调换)

交通版高等学校交通工程专业规划教材编审委员会

主 任 委 员：徐建闽(华南理工大学)
副主任委员：马健霄(南京林业大学)
　　　　　　王明生(石家庄铁道大学)
　　　　　　王建军(长安大学)
　　　　　　吴　芳(兰州交通大学)
　　　　　　李淑庆(重庆交通大学)
　　　　　　张卫华(合肥工业大学)
　　　　　　陈　峻(东南大学)
委　　　员：马昌喜(兰州交通大学)
　　　　　　王卫杰(南京工业大学)
　　　　　　龙科军(长沙理工大学)
　　　　　　朱成明(河南理工大学)
　　　　　　刘廷新(山东交通学院)
　　　　　　刘博航(石家庄铁道大学)
　　　　　　杜胜品(武汉科技大学)
　　　　　　郑长江(河海大学)
　　　　　　胡启洲(南京理工大学)
　　　　　　常玉林(江苏大学)
　　　　　　梁国华(长安大学)
　　　　　　蒋阳升(西南交通大学)
　　　　　　蒋惠园(武汉理工大学)
　　　　　　韩宝睿(南京林业大学)
　　　　　　靳　露(山东科技大学)
秘 书 　长：张征宇(人民交通出版社股份有限公司)

(按姓氏笔画排序)

前 言

本书编写期间,正值国内外对城市道路设计深刻反思之时。一方面,设计人员逐渐认识到仅依靠"满足机动车交通需求"的设计理念并不能彻底解决交通问题,相反,有时在道路安全、道路承载能力方面负面影响更大。此外,从某些方面来看,这种设计理念可能加深了不同人群之间的隔阂以及出行的难度和危险,因此城市道路的空间并非完全由机动车数量与空间决定。另一方面,仅仅满足规范与技术标准的道路导致城市正逐渐失去特色和合理的空间,造成道路景观单一趋同的情况,更进一步降低了市民的生活质量并消解了城市文化的内涵。因此,本书的立足点也是基于这两个角度:一是设计合理的道路以及附属设施,从多方面来满足不同使用者的不同需求;二是强调道路的公共属性以及其空间属性,从营造不同的道路与环境空间设计的角度,分析道路设计的要点。

作为一本设计类的教材,本书力图避免照搬规范和解读规范的做法,重点在于探讨设计背后的理念和思想。但限于作者的水平和目前道路建设发展并不非常清晰的未来,本书没有给出一个终极合理的设计体系作为答案,这个答案需要读者和作者共同努力,继续探索。

本书由韩宝睿担任主编,张慧丽、陆涛担任副主编。其中,第一、三、四、六、八、九、十一章由南京林业大学韩宝睿副教授编写,第二、五、七章由石家庄铁道大学张慧丽副教授编写,第十章由石家庄铁道大学孙海龙讲师编写,第十二章由南京林业大学陆涛讲师编写。本书主要插图由研究生丁继强、丁丽瑾、洪涛绘制。研究生范伟康、张冰洁、柳一敏、李颖、陈静、刘柯利、冯燕、邵永青、丁丽莎、蔡云培、孙葛亮参与了书稿修订工作。

此外,本书在编写过程中得到了很多专业人士的直接帮助与指点,再次表示深深谢意!特别要感谢浙江省建筑设计研究院王之江高工的大力协助,感谢他给予本书很多有典型借鉴意义的案例。

编 者
2017 年 4 月于南京

目 录

第一章　绪论 ... 1
- 第一节　城市道路与公路的表象差别与联系 ... 1
- 第二节　城市道路与街道建设发展历程 ... 3
- 第三节　城市道路分级 ... 6
- 第四节　城市道路的设计理念及其变化历程 ... 8
- 第五节　本教材的理念与内容 ... 10
- 本章小结 ... 12
- 思考题 ... 12

第二章　城市道路设计基础 ... 13
- 第一节　城市道路建筑限界 ... 13
- 第二节　设计车辆尺寸 ... 14
- 第三节　设计速度 ... 15
- 第四节　城市道路交通量变化特征 ... 16
- 第五节　设计小时交通量 ... 19
- 第六节　通行能力及服务水平 ... 20
- 本章小结 ... 22
- 思考题 ... 22

第三章　城市道路网规划 ... 24
- 第一节　城市道路网的建设要点 ... 24
- 第二节　城市道路网规划的要求 ... 25
- 第三节　城市道路网布局结构形式 ... 26
- 第四节　城市道路网规划主要技术指标 ... 30
- 本章小结 ... 34
- 思考题 ... 34

第四章　城市道路横断面规划设计 ... 35
- 第一节　城市道路横断面选型原则 ... 35
- 第二节　城市道路断面形式功能分析 ... 36
- 第三节　横断面设计要素 ... 41

  第四节 横断面综合比选案例 ·· 48
  本章小结 ··· 53
  思考题 ··· 54

第五章 路段平纵几何线形设计 ·· 55
  第一节 道路平面线形设计原则与要点 ·· 55
  第二节 城市道路纵断面设计 ·· 62
  本章小结 ··· 67
  思考题 ··· 67

第六章 道路平面交叉口设计 ·· 68
  第一节 道路交叉口设计概述 ·· 68
  第二节 平面交叉口的形式与设计 ·· 70
  第三节 平面交叉口的交通组织 ·· 75
  第四节 环形交叉口设计 ··· 79
  第五节 平面交叉口立面设计 ·· 83
  本章小结 ··· 85
  思考题 ··· 85

第七章 城市快速路 ··· 86
  第一节 横断面布置 ·· 86
  第二节 通行能力和服务水平 ·· 90
  第三节 横断面设计 ·· 91
  第四节 出入口设计 ·· 96
  本章小结 ··· 99
  思考题 ·· 100

第八章 城市道路立体交叉 ·· 101
  第一节 城市道路立体交叉基本概念 ··· 101
  第二节 立交规划与形式选择 ·· 103
  第三节 立交基本型功能与选型分析 ··· 104
  第四节 立体交叉的主要部分设计 ·· 109
  第五节 匝道设计 ·· 113
  本章小结 ·· 117
  思考题 ·· 118

第九章 城市道路景观与绿化设计 ·· 119
  第一节 城市道路景观设计概述 ·· 119
  第二节 道路铺装设计 ·· 121
  第三节 城市道路绿化设计 ·· 126

  第四节 街道照明设计 ································· 130
  本章小结 ··· 132
  思考题 ··· 133

第十章 城市道路附属设施设计 ······················· 134
  第一节 公共交通站点的布置 ························· 134
  第二节 人行过街设施规划设计 ······················· 139
  第三节 道路停车场设计 ····························· 142
  第四节 无障碍步道体系规划与设计 ··················· 145
  本章小结 ··· 147
  思考题 ··· 147

第十一章 城市道路排水与管线综合设计 ··············· 148
  第一节 城市道路排水设计概述 ······················· 148
  第二节 雨水暗管排水系统的规划与布置 ··············· 149
  第三节 雨水流量计算 ······························· 153
  第四节 雨水管渠的水力计算 ························· 156
  第五节 雨水管道的设计步骤 ························· 156
  第六节 海绵城市 ··································· 157
  本章小结 ··· 159
  思考题 ··· 160

第十二章 街道稳静化设计 ····························· 161
  第一节 街道稳静化的理念 ··························· 161
  第二节 街道稳静化技术概况 ························· 163
  第三节 街道稳静化技术的具体应用 ··················· 165
  第四节 街道稳静化设计要点 ························· 168
  本章小结 ··· 171
  思考题 ··· 171

参考文献 ··· 172

第一章 绪 论

导读：城市道路随着城市发展历程在功能和几何外形上不断更新，城市道路设计出发点也与公路几何设计有较大差异。本章重点介绍城市道路在城市建设历程中的发展过程，并简单介绍新时期城市道路设计应遵循的基本原则和新的理念。

第一节 城市道路与公路的表象差别与联系

一般来说，公路与城市道路差别在我国很长一段时间是由于行政管辖权的划分而形成的，公路归属交通部门管理与建设，而城市道路属市政部门管理建设。这种分工在城市建设之初，城市规模不大的时候，便于管理，但随着城市逐步扩大，原有公路被纳入城市道路系统，在管理和建设上可能存在一定的模糊。根据相关规范定义，城市道路是指大、中、小城市及大城市的卫星城规划区内的道路、广场、路边停车场等，不包括街坊、小区、单位内部道路。本教材所指道路即为该定义内容。

一、城市道路与公路的主要区别与联系

1. 城市道路与公路的主要区别

（1）服务对象不同

公路主要服务对象是机动车辆，虽然有少量行人与非机动车，但即使不设置人行道和非机动车道，也不会影响其交通功能，因此公路一般不专门设置人行道和非机动车道。而城市道路服务主体不仅包括各类车辆，还包括大量的行人与非机动车，因此一般要考虑设置人行道与非机动车道以及停车设施。

（2）承载设施不同

城市道路下部不仅有城市大部分（包括水、电、气、通信等）管线，而且在道路上设置有路灯、电话亭、报刊亭、公交站台、停车场等设施（图1-1）。这些设施对道路结构与线形均有较大影响，而公路对这些设施相对考虑较少，结构相对稳定和简单（图1-2）。

（3）城市道路交叉口多

城市道路是为城市服务的，而城市的运转依靠这个区域内大量的功能建筑和人群，因此必须形成密集的路网才可以实现城市的各项功能。这就导致城市内交叉口间距很近，有时

间隔甚至仅有几十米。交叉口众多给交通带来了巨大的复杂性,然而这又是不可避免的一个矛盾。城市建设者的任务则是如何在保持城市交通合理性的基础上减少这些矛盾,同时还须赢得最大的社会效应。

图1-1 城市道路景观图

图1-2 公路景观图(图片来源于网络)

(4)两者建筑环境不同

公路主要位于城市郊区和农村地区,周边建筑较少,设计上注重线形与地形、两侧环境的配合。城市道路主要依托于城市环境,周边建筑密集,这些建筑与道路共同构成了城市特有的空间景象。道路的尺寸、结构、色彩对这些景观影响非常大,因此城市道路设计与城市历史风貌、建筑环境设计有紧密的联系。

2. 公路与城市道路联系

公路与城市道路并非是完全隔离的,城市道路由市区向外延伸自然会过渡到公路。随着城市化进程不断迈进,原有公路两侧建筑逐渐增多之后,也逐渐会具备城市道路的功能。二者存在一定的转化。在我国城镇密集区出现了"公路城市化"现象,即由于城市扩大,将原来公路并入城市规划区内,而公路功能并没有提升,导致这些道路容易出现安全事故、舒适性和美观性差、缺乏排水管线设施等问题,这将是未来城镇化建设的重点问题之一。

二、城市道路与街道的区别与联系

街道,是城市道路最早的概念,也是含义更为广泛的概念。街道这个概念,从语义上包含了道路,但它与城市道路这个名词比较而言,更是一个空间概念。城市规划和建筑设计学者认为,街道是一种交通空间,也是公共空间,包含了人(尤其是行人、非机动车)的参与,也包含了道路两侧建筑空间,共同形成了街道。

在我国,城市道路设计一般定义为道路几何设计与附属设施设计,而街道设计则包含了道路空间与景观意向的整体设计。

应该认识到,随着人民生活与文化水平提高,对城市环境有了更深的理解和更高的要求。传统的道路设计与街道设计完全割裂的理念正逐渐被打破,随之而来的是道路环境整体设计的趋势。

三、城市道路功能总结

现代城市道路功能不断扩展,到今天为止,城市道路不仅具备了满足各种交通运输的功

能,更重要的是,城市道路也成为城市的组成部分,为城市完成各项功能起到重要的支撑作用。总结起来有如下几点:

1. 交通运输功能

城市中的各类生产流通以及人员的各类出行活动是城市的基本活动之一,在这个过程里又可分为长距离运输、进出的集散转移、车辆存放停靠、行人与非机动车出行等环节,每个环节都需要城市道路作为承载主体完成。

2. 城市骨架功能

随便打开一张城市的地图,我们可以看到,城市被一些干道分成明显的若干区域,而城市的轴线、行政区域的划分也往往是由这些道路构成。此外,各个建筑、单位、小区均被城市道路包围,形成一个个小的功能区域。因此,也可以说道路网具有城市结构与空间划分的功能。

此外,城市道路网有引导城市空间发展的作用,道路网的形式与走向对城市空间的形成及拓展有重要作用。

3. 市政公用功能

城市道路作为城市环境不可或缺的公共空间,其重要性被越来越深刻地认识到。城市道路不仅提供了各种水、电、气等管线的设置空间,也是轨道交通、快速路隧道、高架道路的设置空间。

此外,城市的电话亭、报刊亭、自行车停放处、公交车站、消火栓、路灯、路边泊位,乃至垃圾桶都是在道路上设置,而这些功能和空间往往是交通设计者最易忽略的。

4. 防灾救灾功能

道路的防灾救灾功能主要体现在灾害隔离、疏通救援、防洪排涝、提供避难场地等方面。在地震发生时,较宽的城市干道可以成为城市的救援通道和避难场所。此外,城市道路将一个个建筑隔离开,也可以防止火灾蔓延。

5. 景观功能

城市道路实质是城市建筑空间的延伸,也是居民生活空间的一部分。城市道路与周边建筑及绿地共同构成城市景观环境。

道路的断面形式、绿化种类、道路的铺装以及周边建筑的格调共同影响了步行者、乘客、观光者对城市的印象。

⇒第二节　城市道路与街道建设发展历程

一、古代城市道路

城市道路功能由简单到复杂,但即使最早期的城市道路,人们已经创造出和现代道路类似的分层体系(参见古罗马道路考据)。据《周礼》记载,我国周朝时期对城市建设在论述到道路体系时有以下表述:

"匠人营国,方九里,旁三门,国中九经九纬,经涂九轨,左祖右社,面朝后市,市朝一夫","经涂九轨,环涂七轨,野涂五轨……"由此可见,当时城市道路网主要由经涂、纬涂、环涂、野涂组成,"涂"通"途",即类似于今天的纵横主干道之外,包括环城大道和向外辐射的公路

（图1-3）。但应该注意，这种设置并非主要为交通功能，而是遵循"礼制"约束所为。

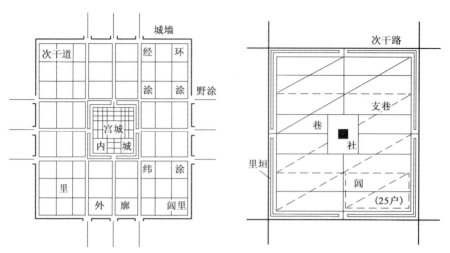

图1-3 周王城道路系统

(图片来源：文国玮.《城市交通与道路系统规划》)

2000多年前的古罗马时期，城市建设水平已经相当高，不仅罗马城向外修建了四通八达的公路，而且城市道路修建水准很高，比如应用了分层铺筑技术（图1-4），古罗马人的桁架、木桥架设技术也处于一流水准。此外，城内道路也修建有完善的地下和地面排水系统。

图1-4 古罗马人分层铺筑城市道路场景

(图片来源于网络)

二、近、现代城市道路（工业革命至第二次世界大战之前）

工业革命带来了经济和运输的空前繁荣，原有街道明显过于狭窄拥挤，不适于大量的货运和新型的交通工具。在这一时期，伦敦、巴黎等大城市的改建成为城市建设史上的重大事件，其重要特征是加大了主干道宽度，强调了干道的通达性，同时改建街巷，增加排水设施。伦敦依托于城市道路修建的下水道工程成为世界上最著名的建筑体系之一。

19世纪,巴黎为解决城市拥挤破败、卫生条件差等城市问题,进行了大规模改造。在城市道路方面,修建了横贯主城东西和南北的两条交叉林荫大道,联络星形广场的放射型大道,并在两条林荫道路两侧大量引入绿地和公园。19世纪末,又修建了环城林荫大道,道路连同两侧绿化带宽度达到100m。巴黎建设的思想和手法至今还在被很多城市所效仿。

由法国人朗方规划的美国华盛顿新城(1791年),则代表了当时规划学者对城市空间和道路关系的理解的最高水平。图1-5、图1-6分别显示了200多年前的规划和今天华盛顿空间的比较,可以看出规划空间持久的影响力。

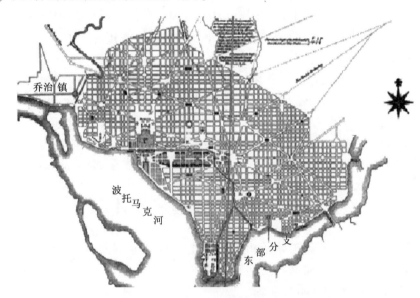

图1-5 皮埃尔·查尔斯·朗方所做的华盛顿规划图(1791年)

图1-6 华盛顿特区路网图(2013年Google卫星图像)

随着汽车的出现,城市内交通工具更加多样。在20世纪初,城市内出现了自行车、汽车、有轨电车等交通工具。而原有的道路在几何设计、铺面材质等方面已不能满足这些要求,因此需要对道路进行进一步的改造升级,如架铺电车轨道、将交叉口扩大、将转角设置为圆弧以便车辆通过等,这使得城市景观也有较大的变化。

三、现代城市道路的发展

1. 快速路的运用

第二次世界大战以后，汽车工业的快速发展，导致城市交通拥堵不堪，为解决交通拥堵问题，城市内出现了立体交通，例如高架道路。高架道路的出现，一方面使得交通可以快速疏散，另一方面也集结了大量中远程车流。但高架道路也带来景观和环境问题，20世纪80年代开始，很多城市反对高架桥的修建。1992年，韩国首都汉城（现首尔）为恢复汉江生态原貌，拆掉了原有覆盖于汉江之上的清溪高架桥，得到了公认好评，后来很多城市纷纷效仿。随着岩土工程重大技术的解决，快速路相继采用地下隧道或路堑形式。

2. 道路与街道人性化建设

20世纪70年代后，城市道路的作用被进一步认识，道路的拥堵、噪声和尾气对城市生活质量影响越来越大，人们对道路的期望不仅是要满足小汽车的快速高效，也要求道路与建筑环境融合，形成优良的居住与生活空间。一方面，设计者进行了公共交通专用道、非机动车专用道等设施的设计研究；另一方面，开始关注居住区域的宁静化，在这一时期采用了很多工程技术手段降低车辆的速度。其目标就是为了创建舒适、安全、公平的人居环境。

第三节　城市道路分级

在一个城市道路网中，各条道路所担负的功能并不相同，这些道路上的交通流特征、交通组成、道路形式都有差别。而这些差别的根源在于道路所处的位置、两侧土地利用情况以及道路在设计时本身赋予的技术特征。

对城市道路从不同的角度观察与理解，可以进行不同类型的分类。也可以说，城市道路根据不同的属性，可进行不同的分类。

1. 按照常规属性的划分

例如我们常常按照道路所在区域将其划分为商业区道路、工业区道路、居民区道路等，也可以按道路承担的主要功能和主要外在特征将其划分为商业性街道、旅游性道路、景观道路、生活性道路等。这些分类没有明确量化的依据，属性比较模糊。

城市道路具有交通性和服务性两个重要属性。所谓交通性可以理解为道路承担交通量的大小、通过该道路不停车车辆的比例大小。交通性越大，则意味着道路在路网体系中交通地位越高。而服务性则意味着道路对两侧土地和建筑到达要求的满足程度。容易理解，服务性越高，意味着两侧建筑密集，客货及车辆进出这些建筑和用地的需求越高。在道路设计时，就需要考虑进出交通、公共交通、停车设施、交通安全等要求。

交通性与服务性在某种程度上是同一条道路的两个不同的方面，但这两个属性也是矛盾的。交通性越高，若服务性也很高，则势必对道路形式功能提出更加高的要求，设计难度也较大。图1-7表达了不同道路等级的双重属性大小组合。

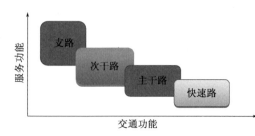

图1-7　道路的双重属性坐标

2. 美国城市道路的分类

美国 AASHTO(美国道路工程师协会)出版的《公路与街道几何设计手册(Geometric Design of Highways and Streets)》,将城市道路根据道路特征和条件划分为高速公路(Freeway and Express way)、主干路(Primary Arterial)、次干路(Secondary Arterial)、集散道路(Collector/Distributor)、地方道路(Local)五个级别。美国城市道路的划分以可达性和车辆行驶特性为依据。从快速路到地方道路,可达性要求越来越高,通过性越来越低,即道路两侧的开口限制越来越低。美国城市道路等级划分及功能要求如表 1-1 所示。

美国城市道路等级划分及功能要求　　　　表 1-1

等级	快速路 (高速公路)	主干路	次干路	集散道路	地方道路
功能	通过性	城市内社区之间,以通过性为主,进出为辅	城市内社区之间,以通过性为辅,进出为主	聚集、分散交通,用地进出,社区联系	进出性
两侧用地出入控制	绝对禁止	禁止(只允许重要交通产生点)	限制(某些路段或车道限制出入口)	安全、有规律地控制出入口	安全出入
车速要求 (km/h)	72~88	56~72	48~56	40~48	40
占全部道路的百分比(%)	5~10	5~10	10~20	5~10	60~80
交通承担百分比(%)	—	40~60	25~40	5~10	10~30
停车	禁止	禁止	一般禁止	限制	允许
备注	提供高速服务,对干道系统通行能力的补充	—	道路系统的骨架	不鼓励通过性交通	不鼓励通过性交通

3. 我国城市道路分级

我国原有行业标准《城市道路设计规范》(CJJ 37—1990)根据城市道路在道路网中的地位、交通功能以及沿线建筑物的服务功能等,将其分为四类:快速路、主干路、次干路、支路;并根据城市规模、设计交通量、地形等分为Ⅰ、Ⅱ、Ⅲ级。由于这种分级和分类在操作时难以合理执行且意义不大,因此新的规范对比进行了调整。

《城市道路工程设计规范》(CJJ 37—2012)将原来的分类分级综合考虑,取消了原有分级。依据道路在道路网中的地位、交通功能以及沿线建筑物的服务功能等,将城市道路划分为四个等级:快速路、城市主干路、城市次干路、城市支路。而各级道路在具体设计时,根据地形等因素制定不同的设计速度。

(1)快速路

快速路为城市交通性干道,通常由主路和辅路构成。它主要为机动车服务,是解决城市中、长距离交通的机动车专用路。

快速路通常采用物理隔离将高速车辆与慢速集散车辆分开,以及将机动车与其他类型交通隔离,保障车辆高速安全行驶。与其他道路横向交叉时,多采用立体分离的方式。

快速路服务性很弱,因此两侧不应该设置吸引大量人流、车流的建筑出入口;必须设置时,应采用辅路进行交通流组织,并配置立体过街设施。

(2)城市主干路

城市主干路是以交通功能为主的连接城市各个主要分区的干线道路,以交通性为主。主干路一般红线较宽,非机动车与机动车采用物理隔离,功能上仅次于快速路。由于保障其交通性要求,两侧不宜设置吸引大量车流、人流的建筑物出入口。主干路一般不少于双向六车道。

(3)城市次干路

城市次干路是城市各个主要分区内部的区域性干道,配合主干道形成城市干道网,起到广泛连接城市分区与各部分及集散交通的作用。

次干道通常为四车道或双车道,其最大特点是兼有交通和服务功能,且功能多样,有些次干路以交通功能为主,有些则以服务功能为主,断面形式多样。

(4)城市支路

城市支路是以服务功能为主的道路,直接与两侧建筑物、街坊、小区出入口相接的局部地区道路,它既是城市道路的起点,也是道路的终端部分。

支路应该满足周边居民日常生活与使用等多种要求,例如散步、购物、停车、休闲、开设商店等需求。

根据《城市道路交通规划设计规范》(GB 50220—1995),由于考虑到行政管理、综合设计因素,一些宽度不足5m的窄街巷、居住小区或大型单位内部道路不属于本教材的研讨范畴。但随着我们对城市道路交通系统认识的不断深化,这些街巷以及小区内部道路,无论从交通管理,还是交通设计以及道路体系完整性方面,都必然会纳入城市道路系统当中。

第四节 城市道路的设计理念及其变化历程

一、我国城市道路建设与设计中的不足

尽管我国城市道路近些年取得了令人瞩目的成就,然而,我们也能看到一些明显的不足。

1. 城市道路建设导向长期为机动车服务

城市道路设计完全以机动车为导向,忽略了行人与非机动车以及其他使用者的空间;很多城市道路设计基本以估算的机动车交通量为依据,而对步行者和非机动车考虑得很少,给予的路权空间也极为狭窄和局促。

2. 城市格局导致城市道路交通功能不能完全发挥

我国城市的空间布局与国外有较大差异。

一方面,很多城市由古代城市逐步发展而来,城市中老城区街巷密集,道路狭窄,难以满

足机动车的要求。对待这样的问题,应以保护城市历史文化承载主体为主,不能简单拆建与扩宽。

另一方面,由于历史原因,我国城市明显的特征是"大院格局",即很多单位在一块围合的封闭区域内建设出完整的各类功能建筑与道路。然而,由于封闭管理,这些道路不能为城市分担交通,相反的,这些"单位"或"大院"产生的交通全部集中于密度不高的道路中。

3. 城市道路与城市空间不相匹配

在大都市中,城市道路与两侧建筑与景观不相匹配,功能混乱。一些城市中的重要交通干道两侧商业建筑林立,城市商业中心往往又是交通中心。

此外,在中小城市,我们常常看到"小城市、大马路"的现象,这些城市常常不顾实际条件,对新区进行超水平建设,设置所谓"景观大道""迎宾大道""世纪大道"等。而工程建成后多年几乎没有什么交通量,造成了国家资产的浪费。

4. 城市道路其他功能设计衔接不畅

在建设城市道路时,道路的管线承载、排水、景观、停车、设置服务设施等不能一并考虑,导致道路建成后需要进行多次后期弥补,成为"拉链路"(市民对道路反复施工的戏称)。

5. 道路设计与环境设计脱节

一方面,传统的道路工程师设计城市道路并不考虑与周边建筑环境的融合与风格,而是以满足机动车交通量和安全为出发点。因此,设计出的道路外观单一,缺乏审美趣味,与城市风格不相匹配。很多看似光鲜的道路却失去了城市的文化与品位。

另一方面,道路设计的随意性很大,对于一条道路横断面采用何种形式没有进行充分的论证。在设计过程中缺乏对公交、出租车停靠点,交通管理方式,行人过街,标志与标线设置等需求的统筹考虑,将问题堆积到下个环节,导致后期的道路管理变得非常困难和被动。

二、城市道路设计规范的变化历程

长期以来,我国城市道路设计理念一直以满足交通功能为主要目标,其中满足车辆行驶又成为最主要的目的,因此在设计时基本将公路几何设计的方法直接应用于城市道路设计,其主要方法和理念主要来自于20世纪苏联的设计理念。《城市道路设计规范》(CJJ 37—90)自1990年8月1日起实施以来,对指导我国城市道路的设计规范化起到了重要的作用。在该规范中,城市道路设计中的确定分类、等级、横断面、车道数等设计要素逐步完成。然而,随着国民经济水平的提高、城市化进程的加快,城市道路交通状况与需求发生了很大的变化。这一系列因素促进了城市道路建设技术的发展,原有规范已经不能适应新的要求,因此需要对该规范进行修订。

进入2000年之后,城市道路设计的矛盾随着小汽车进入家庭而日益明显,城市交通的诸多矛盾以及城市建设中出现的城市病很多与道路设计与构成不合理有关。在城市道路科研技术人员的努力下,在原建设部2003年颁布的《工程建设标准体系》(城乡规划、城镇建设、房屋建筑部分)的基础上,陆续颁布了通用标准《城市道路工程设计规范》(CJJ 37—2012)和若干本专用标准[《城市快速路设计规程》(CJJ 129—2009)、《城市道路交叉口设计规程》(CJJ 152—2010)、《城市道路路线设计规范》(CJJ 193—2012)、《城镇道路路面设计规范》(CJJ 169—2012)和《城市道路路基设计规范》(CJJ 194—2013)等]代替。这标志着国家对城市道路设计完整性和系统性的重新认识，也使得城市道路设计体系更加科学规范。

2016年2月22日，国务院通过《中共中央国务院关于进一步加强城市规划建设管理工作的若干意见》（后简称《意见》），该《意见》指出：必须加强街区的规划和建设，要分梯级明确新建街区面积，推动发展开放便捷、尺度适宜、配套完善、邻里和谐的生活街区。我国新建住宅要推广街区制，原则上不再建设封闭住宅小区。已建成的住宅小区和单位大院要逐步打开，实现内部道路公共化，解决交通路网布局问题，促进土地节约利用。另外，要树立"窄马路、密路网"的城市道路布局理念，建设快速路、主次干路和支路级配合理的道路网系统。可以预见，这个《意见》将极大地促进我国城市空间的优化，促进城市道路功能丰富化和多样化，并提高道路的利用效率。道路设计人员应该深刻理解和掌握该思想精髓。

第五节　本教材的理念与内容

一、新时期城市道路设计需求

当前，在国民经济水平大幅提高、人民生活需求不断改善、资源与环境问题突出的背景下，道路交通问题也成为当前社会热点。小汽车大幅增长已经成为不争的事实，尽管我们无法准确预计未来城市小汽车的保有量，但由于资源的稀缺和环境保护的需求，我们无法构造一个可以完全满足所有人拥有依靠燃油动力的私人小汽车的城市。这也对城市道路设计提出了新的要求，具体如下：

1. 公共交通的发展将成为未来城市发展的核心支撑力

针对目前的城市问题，各个国家以及城市几乎都意识到充分发展公共交通是满足未来可持续发展的必由之路。为此，城市在道路网规划、道路设计中要全面考虑适合公共交通发展的道路交通系统构建。

2. 私人机动交通的普及化很难彻底避免

一方面，通过一系列政策约束减少其使用并引导其进入公共交通；另一方面，在合理范围内提供道路资源的供给，例如提供适当的停车设施以保障道路交通秩序良好。

3. 市民生活水平的提高，迫切要求道路环境的改善

随着居民生活水平提高，步行、自行车这些曾经被认为是落后的交通方式，已经越来越受到人们的青睐。但目前国内道路设施与环境尚不能满足人们休闲、健身以及观光等愿望。

4. 道路、交通与建筑环境一体化的设计需求

传统的道路设计理念，非常注重道路工程方面的设计，即为了保障道路满足其结构、线形、材料等技术问题。道路交通问题则是在工程结束后才考虑的方面。此外，对城市道路设计，尽管有绿化等规范约束，但很少将实际的建筑环境、城市风貌、城市历史考虑进去。

二、本教材的理念

本教材在介绍城市道路几何设计的过程当中，力求符合现代城市设计与规划理念，避免道路设计的教条化和简单化，强调突出设计理念和新的思想。

1. 以人为本的理念

如今，以人为本的理念已经贯穿于各类工程设计之中，在城市道路设计过程里，以人为

本体现于设计师应该从道路使用者,即从"人"的角度出发进行深入细致的分析,满足人民群众对交通、安全、环境等各个方面的正常、合理需求。以人为本需要摒弃过去"以车为本"的出发点,在道路设计各个环节中,不仅考虑机动车交通的畅通,也要考虑行人非机动车的舒适、安全、便捷等方面。

2. 道路与街道设计融合理念

传统的道路设计强调道路的结构层稳定性以及几何线形与机动车行驶的配合,但对道路美观、风格、环境以及色彩考虑得很少。本教材吸收了一些街道设计等环境设计的理念,强调道路工程师应该对道路铺装、装饰以及环境有所理解,构建不同风格的道路。此外,还应该注意到街道具有生活和休闲空间的重要作用,道路设计要尽量为这些空间提供理想的环境。类似于美国提出的"完整街道"(complete street)理念。"完整街道"是西方国家对传统机动化交通过分侵占生活空间的反思,强调更加注重行人、非机动车的舒适性,同时更加关注儿童、老人以及残障人士的出行权,补充和完整化原有道路空间设计的不足。

3. 道路交通一体化设计的理念

道路设计是道路工程实施的主要内容,过去常常是在道路建成之后,将道路的管理权移交给市政部门和交警部门,而这些部门再根据交通状况进行道路划线与道路市政设施的补充工作。这其中常常因为部门分割问题,导致工程一开始就遗留了很多的缺憾。道路交通一体化设计,是指在道路设计过程中充分考虑到日后交通管理的需求,同步进行交通与市政设施设计,为日后管理预留空间。当然,一体化设计也对设计师提出了更高的要求,即要求设计师不仅要掌握道路设计的基本知识,也要熟悉交通管理、市政工程、绿化工程等相关知识。

4. 交通稳静化的理念

交通稳静化是近十多年由发达国家提出的交通设计理念,其背景主要是为构建舒适、安全、宁静的小区而对道路、停车等设施提出的新的要求。通过运用合理的几何设计、色彩设计以及适当的交通设施,通过心理暗示等手段引导驾驶员降低车速、减少车辆污染。本教材也充分吸收了这一理念,对我国道路设计做出有益的尝试。

三、本教材的主要内容

城市道路设计是道路勘测设计的后续课程,在学习本课程时,使用者应该已经初步掌握了道路几何设计的基本内容和理论(如道路的平纵横设计方法等)。

城市道路设计内容庞杂,不仅包括道路的几何线形、道路结构、道路附属设施、道路交通设计等道路本身的方面,还包含道路景观、绿化、照明、排水、管线等相关方面。设计内容不仅包括传统意义上的"道路",还包括公交停靠站、排水设施等与城市道路紧密相关的设施。

由于篇幅所限,本教材主要围绕"如何设计出科学合理的城市道路"这一主题展开,主要从规划和设计两个方面对城市道路及其主要的附属设施(如公交停靠站)等的设计以及理念进行一一介绍,对道路路面结构、照明等具体工程内容不详细阐述。

由于城市道路的自身特点,其设计方法和思路与一般的公路设计有很大的不同。在本书中,将从宏观、中观、微观三个层面介绍道路规划设计理论与实践。宏观角度主要是对道路网结构与功能、道路间距与密度等方面进行探讨,中观角度主要介绍城市各类道路以及交

叉口设计要点,微观角度则是对道路设施、部件以及附属设备进行介绍。

【本章小结】

本章在介绍城市道路的发展历程的基础上,对城市道路的主要功能、特点和分级情况进行了较为详尽的叙述。同时,应该看到,当今的城市道路在建设与设计中仍有不足之处,作为设计者应该认真学习和反思已有的经验和教训,重新审视当今道路设计的环境、对象和需求。

【思考题】

1. 概述城市道路与公路在外观和功能上的异同。
2. 城市道路的功能是如何演化的?当今城市道路主要有哪些功能?
3. 当前我国城市道路设计中存在哪些问题?
4. 美国城市道路分级和我国有何异同?
5. 当今城市道路设计理念有哪些?

第二章 城市道路设计基础

导读：本章为城市道路设计的前提和基础内容，从交通空间构成基础和基本交通特征方面介绍了城市道路几何设计的基本要求，包含道路几何空间要求、设计车辆要求、通行能力要求等。

第一节 城市道路建筑限界

道路建筑限界是为保证车辆和行人正常通行，规定在道路和桥面上及隧道中一定宽度和高度范围内不允许有任何设施及障碍物侵入的空间范围。在建筑限界之内不允许设置桥台(墩)、灯杆、护栏、标志牌、树木等触线设施，尤其应注意防止树杈、广告牌、路灯等常见物体的侵入。

道路建筑限界应为道路上净高线和道路两侧侧向净宽边线组成的空间限界(图2-1中虚线围合部分)。图2-2则为隧道内的道路空间限界示意图。

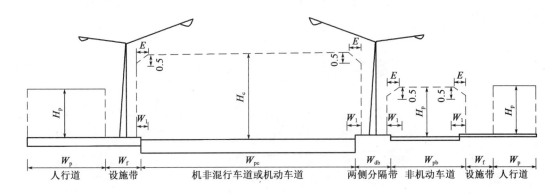

图2-1 无中间分隔带道路空间限界(尺寸单位：m)
H_c-机动车车行道最小净高；H_p-人行道最小净高；W_1-侧向净宽；E-建筑限界顶角宽度

道路最小净高一般是以设计车辆总高加上0.5m竖向安全行驶空间确定，一般应符合表2-1的规定。

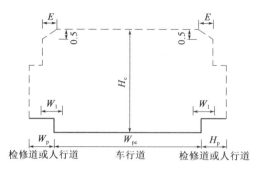

图 2-2 隧道内道路空间限界(尺寸单位:m)

注:图中字符含义同上图。

道路最小净高 表 2-1

道路种类	行驶车辆类型	最小净高(m)
机动车道	各种机动车	4.5
	小客车	3.5
非机动车道	自行车、三轮车	2.5
人行道	行人	2.5

城市道路在跨越其他道路设施时,有时还需要考虑特殊车辆要求,对通行无轨电车、有轨电车、双层客车等其他特种车辆的道路,最小净高应满足车辆通行的要求。例如,有轨电车净高约 5.5m,双层巴士净高限制值为 4.2m,消防车个别车辆略超过 4.0m,但不超过 4.2m。

提示:城市道路规范净高限制普遍采用 4.5m,而公路规范中高速公路、一级、二级公路采用 5.0m。因此,可能存在车辆从公路驶入城市道路撞坏桥梁设施的情况。道路设计中应做好与公路以及不同净高要求的道路间的衔接过渡,同时应设置必要的指示、诱导标志及防撞等设施。

➡第二节 设计车辆尺寸

控制道路几何设计的关键因素是行驶车辆的物理性能与各种车辆的几何尺寸相适应。将各种类型的车辆建立类型分级,并选择具有代表性的车辆用于设计。这些用于控制道路几何设计,符合国家车辆标准且质量、外廓尺寸和运行性能具有代表性的车辆,称之为设计车辆。城市道路的服务对象主要为机动车、非机动车和行人,本节介绍机动车、非机动车的设计车辆及其外廓尺寸。

在我国较多的城市中,摩托车出行也占有一定的比例,虽然其交通行驶特性与一般机动车差别较大,但由于所占比例不大,因此未作为专门的类型考虑。

1. 机动车设计车辆及外廓尺寸

机动车设计车辆一般划分为小客车、大型车、铰接车,其外廓尺寸应符合表 2-2 的规定。

机动车设计车辆及外廓尺寸　　　　　　　　　　　表2-2

车辆类型	总长(m)	总宽(m)	总高(m)	前悬(m)	轴距(m)	后悬(m)
小客车	6	1.8	2.0	0.8	3.8	1.4
大型车	12	2.5	4.0	1.5	6.5	4.0
铰接车	18	2.5	4.0	1.7	5.8+6.7	3.8

注：1. 总长：车辆前保险杠至后保险杠的距离。
2. 总宽：车厢宽度(不包括后视镜)。
3. 总高：车厢顶或装载顶至地面的高。
4. 前悬(后悬)：前轮中心与车最前端的水平距离(后轮中心到车尾的水平距离)。
5. 轴距：车辆同一侧相连两车轮的中点，并垂直于车辆纵向对称平面的二垂线之间的距离。

2. 非机动车设计车辆及外廓尺寸

非机动车主要指自行车、人力三轮车辆及电动助力车，相应规范为这三种车型制定了外廓尺寸，如表2-3所示。

非机动车设计车辆及外廓尺寸　　　　　　　　　　　表2-3

车辆类型	总长(m)	总宽(m)	总高(m)
自行车	1.93	0.60	2.25
人力三轮车	3.40	1.25	2.25
电动助力车	2.10	0.75	2.25

注：电动助力车数据为相关研究成果总结建议值。

现今各个城市电动助力车普及率非常高，有些城市非机动车道内电动车比率已经超过70%，其行驶速度与宽度均大于普通自行车，在设计时应考虑安全因素，适当给予多一点的道路空间。

第三节　设计速度

设计车速是道路设计的基本依据之一，城市道路由于交叉口多、线形较为简单、各段道路加减速变化很大，套用公路计算行车速度显然有较大缺陷。

针对计算行车速度方法在城市道路设计中存在的主要问题，新规范将《城市道路设计规范》(CJJ 37—90)中采用的"计算行车速度"改称为"设计速度"，并根据道路的性质与功能做了简化处理(表2-4)，可以有效地解决路线设计指标与实际行驶速度所要求的线形指标脱节问题。

设计速度与平面交叉口规划及设计的关系密切，涉及平面曲线半径、总曲线半径、行车视距、车道宽度及渐变段长度、附加车道的渐变段长度的确定等。

按照道路在道路网中的地位、交通功能及对沿线建筑物的服务功能，可划分为快速路、主干路、次干路、支路四大类。其设计速度如表2-4所示。

各级道路的设计速度　　　　　　　　　　　表2-4

道路等级	快速路			主干路			次干路			支路		
设计速度(km/h)	100	80	60	60	50	40	50	40	30	40	30	20

此外应注意,快速路与辅路设计速度宜为主路的 0.4~0.6 倍。匝道及集散车道设计速度宜为主路的 0.4~0.7 倍。平面交叉口设计速度宜为路段的 0.5~0.7 倍。

第四节　城市道路交通量变化特征

一、交通量的时间分布特征

交通量随着时间变化的特性,反映了社会与经济活动等对交通的需求。这种需求随着社会和经济的发展而增长,并受经济生产的季节性等因素影响,使道路交通量随之呈现出随时间变化的特征。交通量随时空变化的具体规律详见《交通工程学》等有关书籍。本节主要强调交通量随时间变化特性对道路设计的影响。

1. 交通量的周期重现性

交通量随时间不断变化,但却有相对的稳定性,并具有一定的周期重现性。因此有交通量月变化、周变化、日变化、时变化曲线。

一年内各月交通量的变化称为月变化,年平均日交通量与月平均日交通量之比为交通量的月变系数(图2-3)。月变化与生产生活的季节周期相关性十分明显。例如,某滨海旅游区道路,夏季交通量远高于其他季节。这就要求道路设计在容量上要兼顾旅游需求和经济需求。

图 2-3　交通量月变图

(图片来源:徐吉谦,陈学武.《交通工程总论》)

一周内各天交通量的变化称为周变化,周平均日交通量与某日平均交通量之比为交通量的周变系数(图2-4)。交通量周变化在城市及郊区有明显的特征。一般来说,由于周一是工作日第一天,交通量比较集中,而周五比平时也有明显的增长。周六、周日是休息日,可以发现在城市郊区道路上交通量更为集中,侧面说明旅游休闲交通的不断增长。

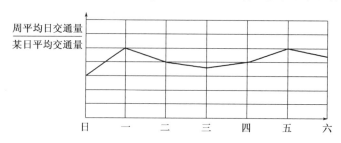

图 2-4　交通量周变图

(图片来源:徐吉谦,陈学武.《交通工程总论》)

一天24h中,每个小时的交通量亦在不断变化。表示各小时交通量变化的曲线称为交通量日变图,亦可采用直方图表示,如图2-5所示。

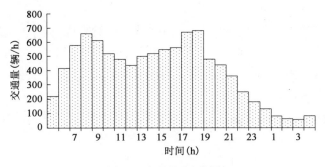

图2-5　交通量日变化图

2. 高峰小时交通量

一般来说,城市道路在一天内交通有明显的早晚高峰,早高峰比较集中(图形上比较尖锐),晚高峰相对延长更多时间。在交通量累计最大的那个小时,称为高峰小时,高峰小时内的交通量称为高峰小时交通量。高峰小时交通量占全天交通量之比,称为高峰小时流量比,以 K 表示。全天交通量流量比 K 值变化如图2-6所示。

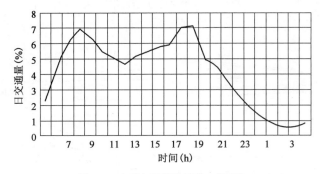

图2-6　全天交通量流量比 K 值变化

高峰小时在管理上,通常为便于执行,一般以整点时间定义,如7:00～8:00,或定义为半点时间(7:30～8:30)。在进行科学研究时,高峰小时则指流量最大的60min,可不受整点约束。

从小时交通量变化曲线上还可以发现,在一个高峰小时内交通量不是均匀分布的,如将一个高峰小时划分成时间更短的几个高峰区间,通常以5min或15min作为时段,连续5min或15min内累计交通量最大的时段,就是高峰小时内的高峰时段,把高峰时段内的累计交通量扩大为一个小时的交通量,可称为扩大高峰小时交通量。高峰小时交通量与扩大高峰小时交通量之比称为高峰小时系数,计算式为:

$$\mathrm{PHF}_t = \frac{高峰小时交通量}{(t\text{时段内统计所得最高交通量})\dfrac{60}{t}} \tag{2-1}$$

式中:PHF_t——高峰小时系数;
　　　t——时段,通常取5min或15min。

二、交通量在道路空间分布特征

1. 交通量空间不平衡表现

交通量在同一时刻不同区域空间里也并不平衡，一般来说，城市核心区道路、进出城区的干道平均交通量较大。此外，同一条道路不同路段也会有一定差异，甚至同一路段交通量在各个车道上分布也有明显差异。这些都会对道路设计产生一定的影响。

2. 交通量的方向不均匀性

一条道路往返两个方向的交通量，在很长时间内，可能是平衡的，但由于居住和就业分离，在一天中某一时间内，两个方向的交通量会有较大的不同。为了表示这种方向不平衡性，常采用方向分布系数 D 表示，计算式如式（2-2）所示：

$$D = \frac{主要行车方向交通量}{双向交通量} \times 100\% \tag{2-2}$$

根据国内外一些城市的统计，城市出入口道路高峰小时进、出城交通量有明显的不同，早高峰时进城方向交通量可能达到60%～70%，晚高峰时则相反，这种现象称为"潮汐交通"。潮汐交通最大的问题是一个方向极为拥堵，而另一个方向交通不饱和，浪费了道路资源。为应对这种情况，美国专门设计了"潮汐交通道路"，采用了专门的"潮汐车道"来为不同方向的道路服务，该车道可以在不同时刻变换方向，如图2-7所示。

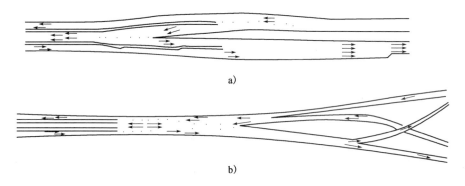

图 2-7 国外应对潮汐交通的道路形式
a) 普通形式；b) 在交叉口的形式

三、车辆换算系数

城市道路上车种繁多、性能不一，在统计交通量时若不加区分地笼统计数，则不能反映出不同车辆所占道路时空资源的差异。例如，200辆公交车和200辆小汽车其速度差异明显，空间上占用道路资源也完全不同，若仅记为200辆车，则无法反映出交通状况。

因此，统一规定调查城市道路交通量一般以小客车为计量单位，不同车辆需要根据其车辆划分折算为小客车。此外，在进行换算时，需根据数据采集来源于交叉口还是路段做不同的换算。因为交叉口由于车辆停车和启动性能不同，而导致车辆占用时空资源与路段有较大差异，如表2-5、表2-6所示。

路段车种换算系数　　　　　　　　　　表2-5

车辆	小客车	普通汽车	铰接车
换算系数	1	1.5	2

注：交通量换算采用小客车为标准车型。

平面交叉口车种换算系数　　　　　　　表2-6

车种 交叉口形式	小客车	普通汽车	铰接车
环形交叉口	1	1.4	2
灯控交叉口	1	1.6	2.5

第五节　设计小时交通量

1. 改建道路的设计小时交通量

设计道路车行道宽度和人行道宽度时，应考虑道路设计年限内高峰小时可能出现的较大交通流量。一般说来，设计年限末年的交通量最大，最大高峰小时交通量也将出现在设计年限末年。但从工程经济的角度出发，设计小时交通量不是采用全年最大的那个高峰小时交通量，而是采用一个适当的"较大高峰小时交通量"，通常采用"第30位小时交通量"，即全年8760个小时中，交通量排在第30位的那个小时交通量（图2-8）。因此，假设改建道路有交通量长期观测资料，则可根据实际数据，进行远景年交通量推导。

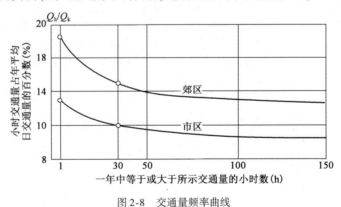

图2-8　交通量频率曲线

2. 新建道路缺乏交通量数据时设计小时交通量估算

当缺乏观测数据时，需根据交通流的稳定特性与高峰小时交通系数进行推导，按照公式(2-3)估算设计小时交通量：

$$Q_D = AADT \cdot D \cdot K \quad (2-3)$$

式中：Q_D——单向设计小时交通量（pcu/h）；

　　AADT——预测年度的年平均日交通量（pcu/d），可根据交通规划成果推算得出；

　　D——方向不均匀系数（%），即较大方向交通量与双向交通量的比值，很明显，该指数须大于0.5;该值与道路区位以及功能有较大关系,一般市区道路宜采取0.55左右,处于主城向郊区的辐射型干道,可取0.60左右;连接新城的大型桥梁或快速路并承担主要通勤交通时,可取0.65左右(表2-7);

K——设计小时交通量系数(%),为选定时位(第30小时)的小时交通量与年平均日交通量的比值。

D 值建议取值表　　　　　　　　　　　　　表2-7

地　区	道　路　情　况	D　值
城市	重交通量道路	0.50~0.55
	一般道路	0.55~0.60
郊区	城际连接道路	0.60~0.70
	旅游观光道路	>0.70

根据有关研究,K 值有一定的稳定性,与城市大小、所取道路的位置(市中心、郊区)等相关。一般取值在0.09~0.15之间,如表2-8所示。

K 值建议取值表　　　　　　　　　　　　　表2-8

地　区	道　路　情　况	K　值
城市	重交通量道路	0.07~0.10
	一般道路	0.11~0.14
郊区	城际连接道路	0.12~0.18
	旅游观光道路	>0.15

提示:以上参数中,K 值对计算结果的精确度影响很大。因为虽 K 值本身数值较小,但误差易较大。例如,K 值取0.10或0.12,虽然仅仅相差0.02,但计算结果却相差20%。因此,该值选取应以大量调查资料作为核算依据。

第六节　通行能力及服务水平

1. 道路通行能力概述

通行能力是道路规划、设计及交通管理等方面的重要参数,它是度量道路在单位时间内可能通过车辆(行人)的能力,与交通量含义有较大差异。从某种角度来说,交通量可以观测到,而通行能力很难观测到绝对值。

由于道路条件、交通条件、控制条件和交通环境等都会影响道路通行能力和服务水平。因此,需要对条件不同的道路设施及其各组成部分分别进行通行能力和服务水平的分析。目的是确定在特定的运行状况条件下,疏导交通需求所需的道路几何构造,如车道数、车道宽度、交叉类型等,从而更好地指导设计。

2. 通行能力划分

根据道路设施和交通实体的不同,通行能力可分为机动车道通行能力、非机动车道通行能力和人行设施通行能力。从通行能力的产生源来看,可分为路段❶(连续流)通行能力和交叉口(间断流)通行能力。从规划设计和运营的角度,通行能力可分为基本通行能力、实际通行能力和设计通行能力三种。道路设施可能通行能力如表2-9～表2-11所示。

道路路段一条车道的通行能力　　　　　　　　　　　　　　　　表2-9

设计速度(km/h)	60	50	40	30	20
可能通行能力(pcu/h)	1800	1700	1650	1600	1400
设计通行能力(pcu/h)	1400	1350	1300	1300	1100

注:设计通行能力指三级服务水平之下的取值。

自行车道的设计通行能力　　　　　　　　　　　　　　　　　　表2-10

自行车道类型		设计通行能力(veh/h·m)
不受平面交叉口影响	机非分隔	1600～1800
	无分隔	1400～1600
受平面交叉口影响	机非分隔	1000～1200
	无分隔	800～1000
信号交叉口进口道	—	800～1000

人行设施基本通行能力和设计通行能力　　　　　　　　　　　　表2-11

人行设施类型	基本通行能力	设计通行能力
人行道[人/(h·m)]	2400	1800～2100
人行横道[人/(h_g·m)]	2700	2000～2400
人行天桥[人/(h·m)]	2400	1800～2100
人行地道[人/(h·m)]	2400	1440～1640
车站码头的人行天桥、人行地道[人/(h·m)]	1850	1400

注:h_g为绿灯时间。

基本通行能力是指在一定的时段,在理想的道路、交通、控制和环境条件下,道路的一条车道或一均匀段上或一交叉路口,期望能通过人或车辆的合理的最大小时流率。基本通行能力是一个理想值,根据国内外观测经验,一条车道的基本通行能力为2200～2400pcu/h。

实际通行能力是指在一定的时段,在具体的道路、交通、控制和环境条件下,道路的一条车道或一均匀段上或一交叉路口,期望能够通过人或车辆的合理的最大小时流率。实际通行能力相当于在基本通行能力之上,根据道路实际的情况,进行相应的折减计算,具体计算方法见有关书籍。

设计通行能力是指规划一条道路时,在一定时段,具体的道路、交通、控制及环境条件下,一条车道或一均匀段上或一交叉路口,设计者假定的服务水平前提下的最大服务交通流率。

---

❶ 本书所指"路段",理想情况下一般是指两端交叉口距离很远(大于1.6km以上)且中间无机动车出入口的情况。这个时候,车辆不受交叉口影响在正常行驶的条件下测得的通行能力。实际上,这个"理想路段"很难在市区内遇到。因此,书中列出的通行能力值要高于大多数实际路段值。

3. 服务水平

服务水平是衡量交通流运行条件及驾驶员和乘客所感受的服务质量的一项指标，通常根据交通量、速度、行驶时间、行驶（走）自由度、延误、交通间断、舒适和方便性等指标确定服务水平。根据服务设施的不同，可对道路设施的服务水平分级。美国《道路通行能力手册》将服务水平分为 A～F 六级，其提供的舒适便利程度由高到低，我国根据实际情况，将服务水平分为四级，一级（自由车流）相当于美国的 A 级，二级（稳定车流）相当于美国的 B 级，三级（饱和流）相当于美国的 C、D 两级，四级（强制车流）的上半段相当于美国的 E 级，而四级的下半段则相当于美国的 F 级。服务水平分级是为了说明道路设施在不同交通负荷条件下的运行质量，不同的道路设施，其服务水平衡量指标是不同的。例如，平面交叉口的服务水平通常以延误作为重要的评价指标，而路段服务水平常常以车流密度来进行评价，如表 2-12、表 2-13 所示。

信号交叉口服务水平　　　　　表 2-12

服务水平指标	一级	二级	三级	四级
控制延误(s/veh)	<30	30~50	50~60	>60
负荷度	<0.6	0.6~0.8	0.8~0.9	>0.9
排队长度(m)	<30	30~80	80~100	>100

人行道服务水平　　　　　表 2-13

服务水平指标	一级	二级	三级	四级
人均占用面积(m²)	>2.0	1.2~2.0	0.5~1.2	<0.5
人均纵向间距(m)	>2.5	1.8~2.5	1.4~1.8	<1.4
人均横向间距(m)	>1.0	0.8~1.0	0.7~0.8	<0.7
步行速度(m/s)	>1.1	1.0~1.1	0.8~1.0	<0.8
最大服务交通量[人/(h·m)]	1580	2500	2940	3600

注：设计时宜采用三级服务水平，行人较多的重要区域设计通行能力宜采用低值，非重要区域宜采用高值。

【本章小结】

本章依据道路设计基本要求介绍了城市道路建筑限界、设计车辆尺寸、设计速度的取值要求。同时，针对城市道路服务的交通特征重点做了介绍，因为交通特征极大地影响了道路设计和道路资源利用水平，这点与公路差异非常大。最后对城市服务水平和通行能力的划分与评价进行了说明。限于篇幅，对道路通行能力没有展开介绍，实际上，对道路通行能力的理解和掌握很大程度决定了道路的设计水平。建议读者认真阅读有关通行能力的专著和计算手册。

【思考题】

1. 何为城市道路的建筑限界？对城市道路建筑限界有哪些规定？

2. 分析高峰小时交通量与年平均日交通量(AADT)的关系。
3. 什么是潮汐交通？道路设计中如何解决潮汐交通带来的问题？
4. 道路设计小时交通量的意义是什么？是如何确定的？
5. 什么是城市道路通行能力？什么是服务水平？两者之间有什么联系？
6. 自行车的设计通行能力如何计算？哪些影响自行车道通行能力？
7. 不同类型地点的行人通行能力有何不同？哪些指标用来衡量行人设施的服务水平？

第三章　城市道路网规划

导读:城市道路网是城市的骨架,是交通的要道,不但要满足交通需求,而且要满足用地布局和城市建筑以及市政管线等的要求,因此其对城市的建设和发展影响深远。本章主要介绍城市道路网规划的建设要点和要求,并对城市布局的结构形式进行分析,最后讨论了城市道路网的主要技术指标。

➡第一节　城市道路网的建设要点

如果打开一张城市地图,最主要的部分就是纵横分布的道路网,如图 3-1 所示。可以说道路网形成了城市的框架和脉络,而道路网由各类各级城市道路所组成。城市道路网一经形成,就大体上确定了城市用地布局和土地利用的轮廓,并且其对城市建设和发展的影响将会一直延续下去。

图 3-1　城市道路网

城市道路网建设具有比较明显的三个特点和要求:

1. 时间延续性长,影响持续

城市道路与一般土木建筑不同,道路一旦在路网中建成,就会形成交通通道产生的持续效应,可能存在上百年甚至几百年。因此,道路规划应具有一定的前瞻性和预留空间。

2. 道路网必须有主次

无论何种形式的道路网络，由于建筑、产业及人口在空间分布的不均匀性，必然导致道路交通流有显著差异。因此，任意一个完整的道路网中，各条道路必然有功能差异，此外，不同功能的道路组合在一起方能共同完成城市的运输与空间功能。从系统角度看，道路网完成其宏观各项功能的前提是各条道路须合理搭配与组合。

3. 道路网规划不可生搬硬套

没有两个完全一样的城市，规划道路网时切忌仅仅套用规范指标。即使存在两个城市人口规模、经济发展水平完全相同的情况，也会因为历史、空间布局、地形地物的差异而造成两个城市道路网结构和指标差异巨大。因此，在研究道路网时要综合研究城市的方方面面，方能形成合理的规划。

→第二节　城市道路网规划的要求

一、道路网规划考虑的因素

1. 道路网首要满足交通功能

道路网如人体的血液系统一样，首要功能是运输货物与乘客，在规划布局时应首先明确城市干道系统的宏观布局，要确保干道系统畅达快捷。其次，重视城市的支路系统，支路系统如人体的毛细血管，具有汇集各类交通的作用，要求密度较高，与各个用地内道路连接形成畅通有序的交通体系。

城市各级道路应成为联系城市各分区、组团、各类城市用地的通道。比如，城市支路可能成为联系小街坊或小区之间的通道；城市次干路可能成为联系各分区、组团内各大街坊或居住区的通道；城市主干路可能成为联系城市各分区、组团的通道；公路或快速路又可把郊区城镇与中心城区联系起来。

2. 道路网要符合城市发展规划

道路网规划是建立在城市总体规划基础上的，城市总体规划确定了城市的形态布局、功能区域、土地性质以及城市的发展要求等核心事项。因此，道路两侧的土地使用决定了联系这些用地的道路上将会产生不同类型、性质和数量的交通，决定了道路的功能；反之，一旦确定了道路的性质和功能，也会影响道路两旁的土地使用的安排。

3. 城市道路网应考虑绿化与景观布局

城市道路网应有利于组织城市的景观，并与城市绿地系统和主体建筑相配合形成城市的"景观骨架"。道路网应该与河道湖泊、城市绿线有机结合，形成不同的亲水景观带，有利于城市的环境保护与美化。

从交通通畅和施工的观点来看，道路宜直宜平，有时甚至有意识地把自然弯曲的道路裁弯取直。但这样的结果往往使景观单调、呆板，即使有好的景点或建筑作为对景，也是角度不变、形体由远及近和逐渐放大的"死对景"。因此，在一些生活性和景观性要求高的道路，尤其是支路和次干路，可适当将道路弯曲形成丰富的景观，如图3-2所示。

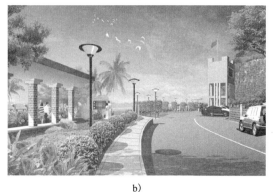

a) b)

图3-2 道路景观变化图
a)直道景观变化;b)弯道景观变化
(图片来源于网络)

4.城市道路应满足各种市政工程管线以及防灾布置的要求

城市公共事业和市政工程管线,如给水管、雨水管、污水管、电力电缆、照明电缆、通信电缆、供热管道、煤气管道及地上架空线杆等,一般沿城市道路敷设,各种管线的平纵面走向和埋设要求都与道路网布局密切相关。因此,城市道路应根据城市工程管线的规划为管线的敷设留有足够的空间。

道路系统规划还应与防灾规划密切配合,须考虑建筑物遇火灾时道路作为隔离空间的距离;考虑地震时,主要道路在建筑坍塌后,能作为救援通道保障的可靠性。此外,从环境角度还须考虑城市主要道路走向是否合理,作为城市通风走廊和开敞空间等方面的要求。

二、道路网规划的一般要求

1.绘制道路系统规划图

道路系统规划图包括规划平面图以及标准横断面图。平面图要标出城市主要用地的功能布局,干道平面位置,线形控制点的位置、坐标和高程,交叉口的平面形式等,比例尺一般为1:10000或1:5000。横断面图应标出道路红线控制宽度、断面形式及尺寸,比例尺一般为1:500或1:200。

2.编制道路系统规划方案说明

对整个道路系统规划设计工作做必要的方案说明,一般应包括设计的依据、规划的原则、各项指标及参数的确定、道路系统带来的交通及社会经济效益的简要分析结论、道路网分期实施方案以及其他需加以说明的事项等内容。

⇒第三节 城市道路网布局结构形式

所谓城市道路网结构形式,是指城市道路网的平面投影几何图形。城市道路网结构形式是根据城市发展需要,为满足城市规模、形态、用地布局、城市交通及其他要求而形成的。在各城市不同的社会经济条件、城市自然条件和建设条件下,不同城市的道路系统有不同的发展形态。

城市的结构形态的形成具有复杂性和确定性,与城市的地理环境、历史、经济发展状况等多种因素有关。目前,世界上所有的城市的外部几何形态大致可以分为团块状与组团状、星形放射状、带状、分散组团等(图3-3)。

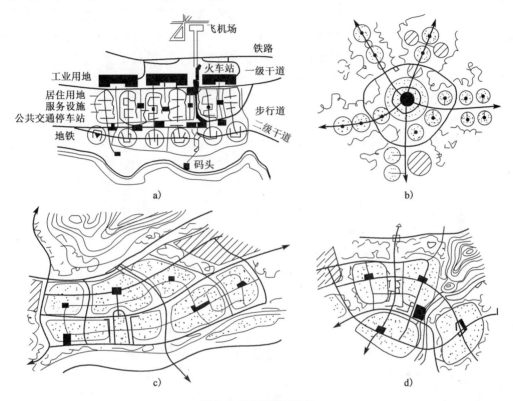

图3-3 城市道路网形态
a)带状;b)星形放射状;c)团块状与组团状;d)分散组团
(图片来源:邹德慈.《城市规划原理》)

自然而然地,在这些类型形态的城市中,道路网也会形成相适应的外观形态。

国内外常见的城市道路网结构形式可抽象归纳为:方格网式[图3-4a)]、放射环式[图3-4b)]、自由式、树枝状与鱼骨形、混合式路网。

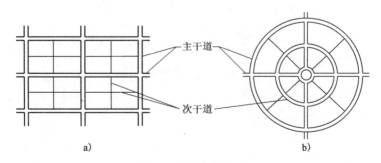

图3-4 城市干道网类型
a)方格网式;b)放射环式

1. 方格网式路网

方格网式路网（又称棋盘式道路网），是最常见的一种道路网类型，它适用于地势平坦地区的中、小城市或大城市的部分区域。这种路网的优点是街道形状整齐、沿街建筑布置容易、方向容易识别、路线选择灵活性大、交通组织容易。

方格网式道路的缺陷是可能造成城市景观单调的局面，所以方格网式的道路也可以顺依地形条件弯曲变化，不一定死板地一律采用直线、直角。此外，道路功能不易明确，对角线方向的交通不是很便利。因此，有的城市在方格网的基础上增加若干条放射干线，以利于对角线方向的交通，但会形成三角形街坊和复杂的多路交叉口。

2. 环形放射式路网

环形放射式路网起源于欧洲以广场组织城市的规划手法，最初是几何构图的产物，多用于大城市。这种道路系统的放射形干道有利于市中心同外围市区和郊区的联系，环形干道又有利于中心城区外的市区及郊区的相互联系，在功能上有一定的优点。但是，放射形干道又容易把外围的交通迅速引入市中心地区，引起交通在市中心地区的过分集中，同时会出现许多不规则的街坊，交通灵活性不如方格网道路系统。环形干道也容易引起城市沿环道发展，促使城市以同心圆式不断向外扩张。如在小范围采用放射环式路网，则可能形成许多不规则街坊，交叉口不易处理，不利于建筑布置。

规划环形放射式路网的核心是要明确环路和放射道路的功能定位，否则可能导致功能混乱，从而造成新的城市问题。

一般而言，大多数环路可能会有多重，每层环路的功能是不同的，外环以分流交通为主，同时兼顾周边城镇发展，引导过境交通不进入城市核心区域；中环一般位于城市核心区外缘，主要为了联系城市外围重要的工业区、城镇和交通枢纽；内环则是为缓解城区内客运交通压力，提升整体车速等功能。

大城市放射路功能定位主要体现在快速集散城区交通，连接城市与周边重要城镇与基地，如图 3-5 所示为北京市路网结构图。放射路交通特点与其他道路有较大差别，自城市中心向外辐射的过程中，交通压力逐步减少，车速逐步提高，在设计时应该注意这个变化规律。

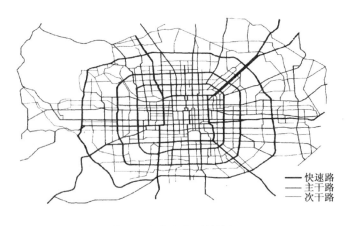

图 3-5　北京市路网结构图

3. 自由式路网

自由式路网一般是由于城市地形起伏，道路结合地形变化呈不规则形状而形成的。其主要优点是不拘一格，变化很多，非直线系数（道路距离与空间直线距离之比）较大，充分结合自然地形，线形生动活泼，对环境和景观破坏较少，可节约工程造价；缺点在于绕行距离较大，不规则街坊多，建筑用地较分散。此类路网常见于地形起伏较大的山区与丘陵地带的城市，道路沿山麓或河岸布置，如我国的重庆、青岛等城市。如图3-6所示为自由式路网示意图。

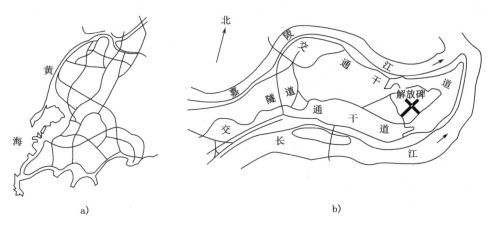

图3-6　自由式路网示意图
a）青岛市道路系统图；b）重庆市道路系统图

如果综合考虑城市用地的布局、建筑的布置、道路工程及创造城市景观等因素，并精心规划，不但能取得良好的经济效果和人车分流效果，而且可以形成活泼丰富的景观效果。

国外很多新城的规划都采用自由式的道路系统。美国阿肯色州1970年规划的新城茅美尔，城市选在一片丘陵地，在交通干道的一侧布置了工业区，另一侧结合地形、河湖水面和绿地安排城市用地，道路是自由式布置，形成很好的居住环境。如图3-7所示为茅美尔自由式道路系统示意图。

4. 树枝状路网与鱼骨形路网

树枝状路网在国内较少提及。这种路网很好地模拟了树枝或一片树叶的运输路径，具有仿生学的特点。当树枝状路网理论应用于带状城市时，可以称为鱼骨形路网。树枝状路网比较适合面积不大的新城或郊区的居住社区规划，与步行系统结合，可以规划出宜于人居的环境。例如20世纪70年代在美国的雷德朋（Radburn）新城（图3-8）。

5. 混合式路网

以上几种基本形式常常组合在一起，即形成混合式路网。混合式路网结构常根据城市发展的实际需要逐步形成，有利于因地制宜、扬长避短、合理组织分配交通，如中心城区布置（或保留）方格网式结构，其他各分区、郊区、城区及外围可用放射环和（或）自由式结构加以组织。国内许多特大城市在20世纪80年代以来经历了近20年的发展后已逐步形成此类路网形式。

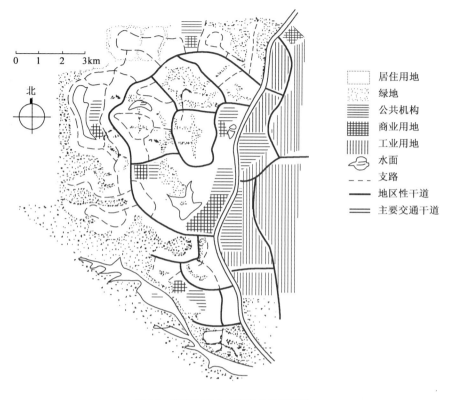

图 3-7 茅美尔自由式道路系统示意图

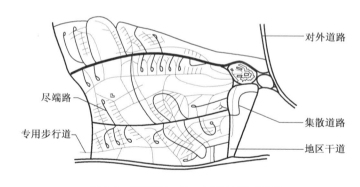

图 3-8 雷德朋(Radburn)新城树枝状路网

第四节 城市道路网规划主要技术指标

衡量一个城市道路网规划与建设水平,仅进行定性分析是不够的,也需要定量分析,一般采用道路网密度、道路面积密度、道路总里程、人均道路面积等指标进行描述。

1. 道路网密度

道路网密度即城市道路中心线总长度与城市用地总面积之比,根据我国城市道路的分类标准,道路网密度指标按各类道路分别表示,其数学表达式如公式(3-1)所示:

$$\delta_i = \frac{\sum L_i}{\sum F} \quad (\text{km}/\text{km}^2) \tag{3-1}$$

式中：δ_i——某类道路网密度，i 分别对应为快速路、主干路、次干路和支路；

$\sum L_i$——某类道路中心线总长度(km)；

$\sum F$——城市用地总面积(km^2)。

当然，公式(3-1)也可用来计算不分道路类别的总道路网密度。

我国《城市道路交通规划设计规范》(GB 50220—95)中对各类道路网的密度做出了具体要求，见表3-1、表3-2，供规划时参考。

大中城市道路网密度指标表　　　　表3-1

城市规模与人口（万人）		快速路（km/km²）	主干路（km/km²）	次干路（km/km²）	支路（km/km²）
大城市	>200	0.4～0.5	0.8～1.2	1.2～1.4	3～4
大城市	≤200	0.3～0.4	0.8～1.2	1.2～1.4	3～4
中等城市		—	1.0～1.2	1.2～1.4	3～4

小城市道路网密度指标表　　　　表3-2

城市人口(万人)	干路(km/km²)	支路(km/km²)
>5	3～4	3～5
1～5	4～5	4～6
<1	5～6	6～8

道路网密度是道路交通规划最重要的指标之一，因为它直观反映了城市建设道路的建设水平。一般来说，城市道路网密度过小，则同等数量的车辆集中在不多的道路上，导致交通密度增加，行车拥堵概率增大。此外，该指标也暗示着交叉口距离增大，行人自行车出行舒适性不佳。相反，密度越大，则表明一定面积上道路越密集，但也隐含了交叉口数量增加，车辆行驶的顺畅性下降。

通常，市区中心密度要大些，越向市区外围，道路网密度越低。

总体来看，一个城市的道路网结构应该像金字塔结构，支路网的里程最长，其次为次干路，主干路和快速路所占比例并不大。《城市道路交通规划设计规范》(GB 50220—95)和一些地方条例推荐一个合理的城市道路网密度按1:2:3:4～6比较理想。根据该比例，绘制了一个1km² 用地上道路网布局的理想模型参考图(图3-9)，从该图可以看出，按照规范要求绘制出的路网情况。读者可试分析图3-9中道路之间的间隔距离和道路上的交叉口间距的大致范围。

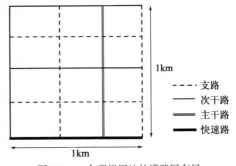

图3-9　一个理想用地的道路网布局

2. 道路间距与交叉口间距

道路网密度确定后，实际上道路间距平均值也大致确定。但在实际操作中，特别要注意平行道路之间的距离以及一条道路上交叉口开口数量和交叉口之间的距离，因为这些会直接影响到道路交通的状况与交通分配情况。

(1) 两条平行道路间隔距离

城市各级道路要根据道路在用地布局中的骨架关系和交通需求关系进行布置。由于快速路基本围合一个城市组团,按照城市组团20万~50万人的规模以及相应用地规模,快速路的间距应该为5~8km;由于城市交通性主干道基本上围合一个城市片区的规模单元(约10km^2),其间距应为2~3km;按照城市规划的惯例,城市主干路基本围合一个居住区的规模单元(约1km^2),其间距为1km左右;次干路基本围合一个小区的规模单元,其间距为500m左右;支路则以组团或小区道路为主,间距在200~300m比较合适。

(2) 一条道路上交叉口间距

一条道路交叉口间距取决于该道路的性质和相交道路的性质以及道路围合地块的大小(表3-3)。理想规划条件下,道路搭接相交应以同级道路或等级相差一级道路相接比较合理,例如主干路与快速路、主干路或次干路可直接相接,而与支路不宜直接相接。

城市各级道路衔接方式 表3-3

道路类型	快速路	主干路		次干路	支路
		交通性	生活性		
设计车速(km/h)	≥80	40~60	40~60	30~40	≤30
平行道路间距(m)	5000~8000	2000~3000	700~1200	350~600	150~250
道路交叉口间距(m)	1500~2500	700~1200	700~1200	350~500	150~250

数据来源:文国玮.《城市交通与道路系统规划》,清华大学出版社,2009.

3. 道路网面积密度

仅用道路网密度指标还不足以全面衡量城市道路对城市交通的适应性,因路网密度无法反映同一类道路中由于不同路线或不同路段横断面形式(如车行道宽度)不同时的通行能力(即设施效益)上的差异。道路面积密度是城市各类各级道路占地面积与城市用地总面积之比值,其表达式见公式(3-2):

$$\gamma = \frac{\sum(L_i \cdot B_i)}{\sum F} \tag{3-2}$$

式中:γ——城市道路面积密度(%);

L_i——各类道路长度(m);

B_i——各类道路宽度(m);

$\sum F$——意义同前。

城市道路用地面积包括广场、公共停车场面积。《城市道路交通规划设计规范》(GB 5020—95)规定应为8%~15%;对规划人口在200万以上的大城市宜为15%~20%。

那么以上数据如何得出的呢?我们可以这样大致推算:以图3-9中的道路网为例,假设图中这个虚拟城市道路平均宽度为20m(全部为支路),最大宽度为30m(全部为次干路),而该城市道路的总里程为7km,则该城市道路的总面积为0.14~0.21km^2,基本吻合规范给出的数据范围。

4. 非直线系数

城市各分区之间的交通干道应短捷,但实际情况中不可能完全做到。衡量道路便捷程度的指标称为非直线系数(或称曲度系数、路线增长系数),是道路起、终点间的实际长度与其空间直线距离之比值,见公式(3-3):

$$\rho = \frac{L_{实}}{L_{空}} \tag{3-3}$$

式中:ρ——非直线系数;

$L_{实}$——道路起、终点的实际长度;

$L_{空}$——道路起、终点的空间直线距离。

交通干道的非直线系数应尽量控制在1.4以内,最好在1.1～1.2之间。在山地或者丘陵地区的城市,有时候为了克服高差的需要而延长路线,使得非直线系数大大增加,此时对非直线系数的指标可不必强求。

5. 道路红线宽度

道路红线是道路用地和两侧建筑用地的分界线,即道路横断面中各种用地总宽度的边界线。一般情况下,道路红线就是建筑红线,即为建筑不可逾越线。但有些城市在道路红线外侧另行划定建筑红线,增加绿化用地,并为将来道路红线向外扩展的可能留有余地。

确定道路红线宽度时,还应根据道路的性质、位置、道路与两旁建筑的关系,以及街景设计的要求等,考虑街道空间尺度比例。

道路红线内的用地包括车行道、步行道、绿化带及分隔带四部分。在道路的不同部位,这四部分的宽度有不同的要求。比如,在道路交叉口附近,要求车行道加宽以利于不同方向车流在交叉口分行;步行道部分加宽以减少交叉口人流拥挤状况,在设有公共交通停靠站附近,要求增加乘客候车和集散的用地;在公共建筑附近需要增加停车场地和人流集散的用地。这些场地都不应该占用正常的通行空间。所以,道路红线是根据实际需要的宽度变化的,红线不应该是一条直线。道路不同部位对道路红线的影响如图3-10所示。

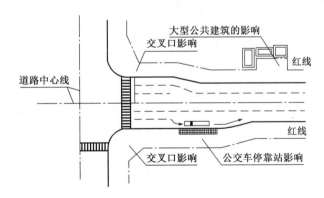

图3-10 道路不同部位对道路红线的影响

规范中对不同等级道路对红线宽度的要求如表3-4所示。

不同等级道路对道路红线宽度的要求　　　　表3-4

道路类型	快速路	交通性主干路	一般主干路	次干路	支路
红线宽度(m)	60～100*	60～70*	40～60	30～50	20～30

注:*表示含两侧绿化隔离带。

道路红线规划设计的主要内容包括：

(1)确定道路横断面类型和路幅宽度。

(2)确定交叉口的几何外形、用地范围、具体位置和尺寸，定出路缘石半径。

(3)红线在交叉口上不是简单的线位交叉，而是要考虑到交叉口的扩大。

(4)确定控制点的坐标和高程。

(5)红线退让。在地块详细规划阶段，规划建筑应向后退让一定距离，以保证红线的实施。

【本章小结】

本章从宏观角度介绍道路与道路网规划的基本要求，读者通过学习应该认识到道路网的总体布局影响了城市的发展，但道路网的模式切不可简单套用，而应根据城市的发展历史、地形地貌、城市空间布局综合拟定。另外，道路网的结构又极大地影响了城市交通的畅通与空间资源的分配。道路网结构的指标，不能简单地理解为规范规定的一些数字，而应从这些数字中看到道路资源的分配合理性。

【思考题】

1. 城市道路网规划的基本原则和要求有哪些？
2. "城市道路网具有历史延续性"这句话怎么理解？如何应用？
3. 简述方格网式路网的优缺点。
4. 简述大城市环线的作用与分类，大城市中环线是否越多越好呢？
5. 树枝状的路网适用于什么条件与环境？
6. 在谷歌或百度电子地图上截取一个城市内不同区域 $4\sim6km^2$ 的区域，计算其各自道路网密度，并分析道路网结构是否合理。
7. 城市道路网的评价指标有哪些？各说明什么问题？

第四章　城市道路横断面规划设计

导读：城市道路横断面选型是城市道路设计中十分重要的一环，也是与公路设计有很大区别的环节。相比公路设计而言，城市道路横断面的确定不仅与交通流特征相关，还须与道路两侧用地情况、非机动车行人情况、地下管线布局以及道路建筑美学等方面相关。因此，城市道路横断面选型更加注重多种形式的比选分析。

➡第一节　城市道路横断面选型原则

一、城市道路横断面选型的必要性

1. 重要性

城市道路横断面选型决定了道路的总体布局、造价、空间环境等，是道路设计的前提。此外，横断面选型也是红线规划的一部分，在选型确定后，道路红线也基本确定，即道路与建筑空间划定就有了法律依据。

2. 复杂性

横断面选型考虑因素较多，除交通因素外，与两侧土地利用、景观效果、绿化、工程管线、公交、停车有紧密关系。因此，该环节与其他工程知识紧密相连，具有一定复杂性。且横断面组成多样，各部分设施功能与几何设计联系密切。

3. 灵活性

简单来说，任何一种横断面形式均能不同程度地适应所面对的交通情况，但要其达到较好的交通畅通与安全功能，且有良好社会服务功能，却是需要认真比选和分析后才可得出的。有时，同一条道路不同路段可以采用不同的断面形式，有时横断面可以不对称设计，有时道路断面需考虑不同阶段而分阶段设计，这些都隐含了很多灵活设计的思想。

二、城市道路选型原则

城市道路在选择横断面类型和空间尺度的时候，应该注意到目前国内外城市建设趋势，避免盲目贪大求全，同时也要注意与城市协调发展。综合来看，有以下几个要点需要注意：

1.适度超前原则

道路规划横断面具有很强的稳定性,少则十年,多则几十年甚至上百年,横断面都不会发生大的变化。因此,要考虑到未来交通发展的趋势,适度超前设计。但这绝不意味着必须加宽道路。而是在满足当前交通量的情况下,适度考虑未来几年乃至十几年的交通以及市政设施变化趋势。例如,设计时通常应该考虑中间分隔带在远期是否可以拓展为车道或作为高架道路设置墩台的空间等问题。

2.道路与等级功能匹配原则

横断面设定,首要考虑该道路功能与等级属于哪种分类。等级越高的道路,其来自于旁侧交通的横向干扰越小,车道数越多。相反,等级较低的道路,要充分考虑自行车、行人等交通要求。

3.交通组织便利原则

交通组织反映在横断面上主要涉及车道功能划分、公共交通车道设置、非机动车与行人交通设置、停车功能设置以及其他一些交通功能在横断面上能有序合理安排。

4.与周边景观协调原则

横断面的景观主要指横断面空间各个设施之间的几何构成以及色彩构成与两侧建筑用地合理搭配。

第二节 城市道路断面形式功能分析

本节重点介绍各种断面的优缺点与适用条件。但应强调各种断面都有适应多种外界条件可能性,不能机械地理解某种情况只能用某种断面形式。

通常依据车行道的布置方式来命名横断面的基本类型,如单幅路、双幅路等。

一、单幅路

单幅路也称为一块板断面,从横断面上看,车行道为一整体,车行道上无物理分隔,各类车辆行驶在同一幅车行道上。一般依靠地面划线来对快慢车辆、对向行驶车辆进行划分。如图4-1所示。

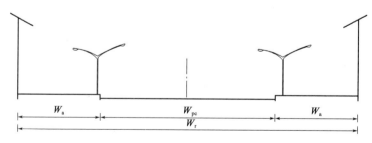

图4-1 单幅路

W_r-红线宽度(m);W_a-路侧带宽度(m);W_{pc}-机非混行车道的路面宽度(m)

1.单幅路的特点

(1)不设非机动车专用车道,非机动车利用边侧机动车道或部分人行道通行。

(2) 对向机动车流之间无分隔,存在对向干扰,机动车行驶车速较低。

2. 适用情况

机动车、非机动车流量均不大的次干路或支路。由于可以设置移动隔离栅栏,在需要时,可以改为双幅路或三幅路。因此,单幅路的应用十分灵活和广泛。

值得注意的是:单幅路在城市居民区分布很广,设计时应结合老旧小区改造考虑居民停车问题,对机动车道宽度可以适当加宽,如图4-2所示。

a) b)

图4-2 单幅路示意图

a) 单幅路；b) 居民区内的单幅路停车示意图

二、双幅路

双幅路是在行车道中央采用分隔带或隔离墩将车行道分为两部分,上、下行车辆被分隔开来,以避免对向车辆产生的碰撞危险,同时中间分隔带可以种植花木以改进景观效果。如图4-3、图4-4所示。

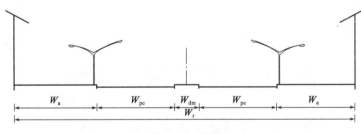

图4-3 双幅路

W_{dm}-中间分隔带宽度(m)

1. 特点

相向机动车流之间分隔,内侧行驶机动车车速较高。

2. 适用情况

一般情况下,该断面形式比较适合机动车流量大的交通性主干路或货运干道。

传统设计理论认为,因机动车道与非机动车无硬件隔离,故不宜布置于居民区。但近年通过国内很多城市的经验发现,双幅路也可应用于支路改进居民区道路景观,前提是车道窄化,形成低速行驶空间。同时,为安全起见,不宜种植易遮挡驾驶员视线的过高灌木。

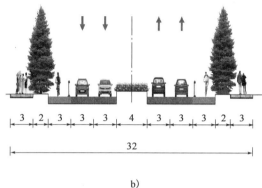

图 4-4 双幅路示意图(尺寸单位:m)
a)某双幅路实景图;b)某双幅路横断面示意图

三、三幅路

为保障非机动车安全以及减少快慢交通干扰,在车行道两侧采用分隔带将快、慢车道分离,车行道呈三部分的三幅路布局形式,俗称"三块板"。如图4-5、图4-6所示。

图 4-5 三幅路
W_{pb}-非机动车道的路面宽度(m);W_{db}-两侧分隔带宽度(m);W_{pc}-机动车道宽度(m)

图 4-6 三幅路示意图
(图片来源于网络)

1. 特点

(1)有非机动车专用车道,消除了机动车、行人和非机动车的干扰,但由于宽度增大,交叉口诸如行人过街、车辆转向等问题较多。

（2）在城市道路一般限速于50km/h的条件下，且标线用双实线，对向机动车干扰实际不明显，因此三幅路应用非常广泛，通常应用于主干路、次干路，在新城区支路也比较适合。

（3）由于绿化栽植空间多，故道路景观效果较好。

2. 主要问题

20世纪80~90年代，各个大城市主干道中普遍采用三幅路，适应了当时非机动车流量大的情况。但随着非机动车数量的减少、机动车数量的增多及公交的发展，传统断面设计显现出很多不适应的地方，主要表现为原有三幅路非机动车道宽度不能适应新时期停车、公交进站等需求。

四、四幅路

四幅路是在三幅路基础上，再将中间机动车道用中央分隔带分隔为两幅，使对向机动车隔离行驶，从而大大提高行车安全。从车行道横断面上来看，形成了明显的四个部分，因此也俗称"四块板"。如图4-7、图4-8所示。

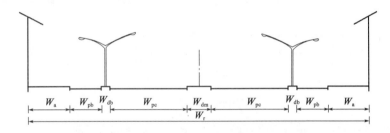

图4-7　四幅路

图4-8　四幅路示意图

四幅路具有以下特点

（1）消除了对向机动车、行人和非机动车的干扰，但交叉口范围内由于有中分带区域，可以作为行人驻足区，安全性得到改善。

（2）绿化面大，设置路灯等设施方便，景观好。

（3）四幅路的设计要点是远景年交通需求变化后，断面如何充分利用空间两侧改造为辅道。

(4)四幅路的主要适应于城市郊区或新城主干道路。但应注意因地制宜,避免在非机动车以及步行较少的区域采用,造成浪费。

由于四幅路过宽,形成的交叉口面积较大,增加了行人过街通过时间和危险性。因此,应注意交叉口行人保护设计,并利用渠化减少行人过街时间。

五、设辅助道路的断面(多幅路)

近年来,一些快速路和主干路平面路段,为保证干线上快速交通与其他交通减少干扰,在中间行车道两侧各增加一条平行的辅助道路,并用硬质隔离分隔,只在出入口进行合分流联系,这样再加上两侧非机动车道,就形成了六幅以上的道路断面,如图4-9所示。

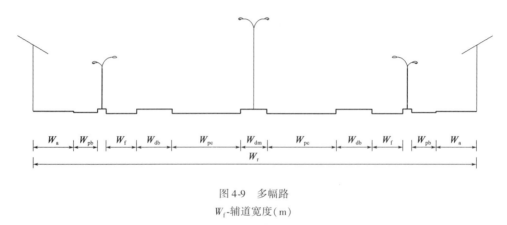

图4-9 多幅路
W_f-辅道宽度(m)

多幅道路的出现是反映道路功能进一步复杂化的表现,但多幅路一般多出现在快速路城区路段。如图4-10所示为深圳市宝安大道标准断面示意图。

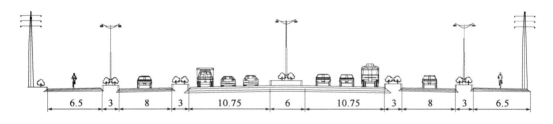

图4-10 深圳市宝安大道标准断面(尺寸单位:m)

六、不对称路幅

上述几种断面形式,在通常情况下以道路中线为对称轴对称布置。但在一些特殊情况下,如地形限制、交通特点、交通组织、景观需要等,可将车行道、人行道、分隔带等设计成高程不对称、宽度不对称或上下行分幅布置的形式,以适应特殊要求。通常沿江(湖)道路、山城道路、大型立交中常会采用不对称路幅的设计形式。在北方寒冷地区,由于建筑遮挡原因,可以考虑将东西向道路的北侧人行道加宽,为行人提供日照更加充分、更舒适的步行空间。如图4-11、图4-12所示。

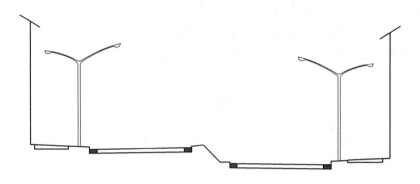

图 4-11　不对称道路(尺寸单位:m)

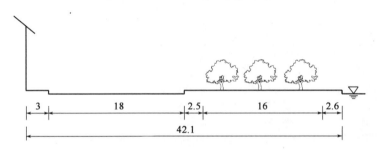

图 4-12　某市湖滨路横断面(尺寸单位:m)

第三节　横断面设计要素

一、机动车道宽度设计

机动车道宽度由机动车道数和单车道宽度决定。各个车道宽度不一定完全按照规范推荐值,可以在考虑节约用地和保障交通安全的前提下根据实际情况合理取值。

1. 机动车单车道宽度设计

国内外相关研究表明,车速是影响车道宽度的最主要的因素,也具有最容易与车道宽度产生量化关系的交通特性。国内外相关等级道路车道宽度推荐值见表 4-1。

国内外相关等级道路机动车道宽度推荐值(m)　　表 4-1

道路等级 (设计车速)	区域划分	国　外		国　内	
		一般值 (美国、英国、 加拿大、澳大利亚)	较窄值(日本)	国内规格	实际应用
主干路(60km/h)		3.3~3.6	3.25~3.5	3.5~3.75	3.50
次干路(40km/h)		3.0~3.6	3.0~3.25	3.50	3.00~3.25
支路(≤30km/h)		3.0~3.3	2.75	3.00~3.25	2.75~3.00

国内一些地方基于不同车道宽度条件下车流平均车速和车道宽度关系的调查研究,得到不同等级道路合理车道宽度,见表 4-2。

道路路段车道合理宽度推荐值(m) 表 4-2

设计速度(km/h)	道路等级						
	快速路	主干路		次干路		支路	
		新建	改造	新建	改造	新建	改造
>80	3.5~3.8	—	—	—	—	—	—
60~80	3.4~3.7	3.3~3.6	3.2~3.6	—	—	—	—
50~60	—	3.2~3.5	3.1~3.5	—	—	—	—
40~50	—	3.1~3.4	3.0~3.4	3.0~3.3	2.9~3.3	—	—
30~40	—	—	—	3.0~3.3	2.9~3.3	2.9~3.2	2.8~3.2
20~30	—	—	—	—	—	2.9~3.2	2.8~3.2
<20	—	—	—	—	—	2.8~3.1	2.8~3.1

注:1. 四车道以上的双向道路内侧车道增加 0.15~0.25m 的安全距离。
2. 当设有机非隔离设施时,外侧车道增加 0.25m 的安全距离。
3. 当大车混入率超过 15% 时,应将车道宽度增加 1~2 档(0.1~0.2m)。
4. 当大车混入率超过 30% 时,应将车道宽度增加 2~3 档(0.2~0.3m)。
5. 对于中心城区交通量大且条件受限的区域,建议采用低限值。
6. 对于外围组团间连接道路或主城区与组团间通道,建议采用高限值。

2. 公交专用车道宽度标定

公交专用车道宽度设计与路段常规机动车道相似,但由于公交车辆一般较宽,因此其单车道宽度需要适当增加,合理的设计宽度可参照表 4-3 选用。

公交车专用道合理设计宽度推荐值(m) 表 4-3

设置位置	路段	出口道	进口道
路侧	3.45~3.75	3.40~3.75	3.25~3.65
路中	3.30~3.50	3.25~3.50	3.20~3.40

二、非机动车道宽度设计

非机动车道宽度需要保证非机动车的通行安全、连续,并避免与行人、机动车之间的相互干扰。按照自行车设计标准,自行车车行道标准宽度如图 4-13 所示。

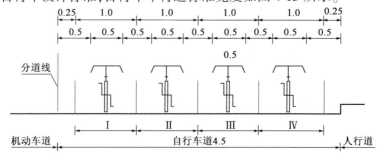

图 4-13 自行车车行道标准宽度示意图(尺寸单位:m)

1. 宽度设定

一条非机动车行车道宽度应符合表 4-4 的要求。

一条非机动车行车道宽度（m） 表 4-4

车辆种类	自行车	电动自行车	三轮车
非机动车道宽度	1.0	1.25	2.0

注：电动自行车车道宽度为作者建议值。

与机动车车行道合并设置的非机动车车行道，车行道数单向不应少于 2 条，宽度不应小于 2.5m。非机动车专用道路面宽度应包括车道宽度及两侧路缘带宽度，单向不宜小于 3.5m，双向不宜小于 4.5m。

非机动车道宽度可参考单车道宽度的整倍数值确定，进一步根据非机动车高峰小时交通量和单车道设计通行能力来确定非机动车道的条数。路段可能通行能力推荐值，有分隔设施时为 2100pcu/(h·m)，无分隔设施时为 1800pcu/(h·m)。

2. 隔离措施

非机动车道与机动车道之间可用绿化带、栅栏或仅用划线的方法进行隔离，尽量避免机非混行。人行道有足够宽度时，可以让非机动车上人行道行驶，用绿化带或不同铺装将行人流和非机动车流加以隔离或区分。

3. 关于改建非机动车道的经验

(1) 国内曾效仿国外将非机动车引入人行道，但由于安全性问题难以解决，实践证明多不可行。

(2) 对非机动车道的利用：如非机动车道宽度不小于 6m，而非机动车流量较小，可将非机动车道作为机动车和非机动车共同使用的辅道。但应处理好车辆停靠点、公交停靠站和交叉口区域各类交通流的混行，以确保交通的安全性。

三、分车带与路侧带

1. 分车带的作用及其宽度

(1) 中间带

城市道路中的双幅路和四幅路均设置了中间带。中间带由两条路缘带和中央分隔带组成，其作用如下：

①将上、下行机动车流分开，既可防止因快车驶入对向车行道造成交通事故，又能减少道路中心线附近的交通阻力，从而提高通行能力。

②作为设置交通标志牌及其他交通管理设施的场地。

③种植花草灌木绿化或设置防眩网，可防止对向车辆灯光眩目，还可起到美化环境的作用。

④设于分隔带两侧的路缘带，由于有一定宽度且车道线划分醒目，既可引导驾驶员视线，又能增加行车所必需的侧向余宽，从而提高行车的安全性和舒适性。路缘带对行车部分的路面结构还可起到很好的保护作用。

中间带的宽度是根据行车带以外的侧向余宽、防止驶入对向行车带的护栏、防眩网（植被）、相交道路的桥墩等所需的设置带宽度而定的。中间带越宽，其作用越明显，同时也越便于养护作业的开展。但对土地资源十分宝贵的地区，采用宽的中间带是有困难的，所以我国道路基本上采用窄的中间带。《城市道路工程设计规范》(CJJ 37—2012)规定：设计速度≥60km/h时，中间分隔带最小宽度为3.0m；设计速度<60km/h时，中间分隔带最小宽度为2.0m。

(2) 两侧带

布置在横断面两侧的分车带称为两侧带，常用于城市道路的三块板、四块板横断面中，用以分隔机动车道与非机动车道。

《城市道路工程设计规范》(CJJ 37—2012)规定两侧带的最小宽度为2.0～2.5m，见表4-5。北方寒冷积雪地区在满足最小宽度的前提下，还应考虑能否满足临时堆放积雪的要求，因为降雪初期容许将路面积雪临时堆放在分隔带上。两侧带的宽度可按临时堆放机动车道路面宽度的一半的积雪量计算，其余按堆放到路侧带上考虑。

分车带最小宽度　　　　　表4-5

类别		中间带		两侧带	
设计速度(km/h)		≥60	<60	≥60	<60
路缘带宽度(m)	机动车	0.50	0.25	0.50	0.25
	非机动车	—	—	0.25	0.25
安全带宽度 W_{sc} (m)	机动车	0.50	0.25	0.25	0.25
	非机动车	—	—	0.25	0.25
侧向净宽 W_1 (m)	机动车	1.00	0.50	0.75	0.50
	非机动车	—	—	0.50	0.50
分车带最小宽度(m)		3.00	2.00	2.50(2.00)	2.00

注：1. 侧向净宽为路缘带宽度与安全带宽度之和。
　　2. 两侧带分隔带宽度中，括号外为两侧均为机动车道时的取值；括号内数值为一侧为机动车，另一侧为非机动车道时的取值。
　　3. 分隔带最小宽度值系按设施带宽度为1m考虑的，具体应用时，应根据设施带实际宽度确定。

2. 路侧带的组成及其宽度

城市道路车行道边缘至红线间的范围称为路侧带，包括人行道、绿化带、公用设施带等。路侧带的宽度应根据道路类别、功能、行人流量、绿化、沿线建筑性质及布设公共设施要求等确定。

(1) 人行道

路段人行道的设计要充分考虑到行人通行的安全性、畅通性及舒适性，尽量避免与车辆共用通道。一个行人所占的宽度被称为步行带，通常人行道宽度由多条步行带构成，步行带宽度与行人不同状态（携带重物、带幼儿等）下所占空间有关。步行带宽度建议值如图4-14所示。

人行道宽度必须满足行人安全顺畅通过的要求，并设置无障碍设施。人行道最小宽度应符合表 4-6 的规定。人行道单位宽度可能通行能力为 2400[per/(h·m)]。

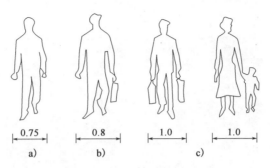

图 4-14 步行带的宽度(尺寸单位:m)

a)单身行走无携带物:0.7~0.8m(平均0.75m);b)单身行走一侧携带物品:0.75~0.85m(平均0.8m);c)单身行走两侧携带物品或大人带一小孩行走(平均1.0m)

人行道最小宽度(m)　　　　　　　　　　　　表 4-6

项目	人行道最小宽度	
	一般值	最小值
各级道路	3	2
商业或公共场所集中路段	5	4
火车站、码头附近路段	5	4
长途汽车站	4	3

(2)绿化带

通常在路侧带和分隔带上种植行道树。行道树的株距一般为 4~6m,树池直径不小于 1.5m。若路侧带较宽,也可设置专门的绿化带,其中植草或花卉灌木用以美化道路环境。行道树实景如图 4-15 所示。

图 4-15 行道树实景

a)单排行道树;b)双排行道树

行道树不一定要种植于紧靠车行道一侧,也可以种植于路侧带中间,有条件时可种植两排行道树,以达到美化景观和绿化遮阴效果。

南京市北京东路属于次干路,采用三块板形式,在分隔带上种植了一排雪松,在路侧带

（人行道）上种植了两排雪松，同时辅以大量灌木绿化，形成非常舒适的步行空间和道路景观，如图 4-16 所示。

图 4-16　南京市北京东路街景

（3）设施带

设施带宽度包括设置行人护栏、照明灯柱、标志牌、信号杆柱等的宽度。此外，设施带也指树池之间空地。一般可用于消防设施、报刊亭、休闲座椅以及非机动车或机动车停放使用，如图 4-17 所示。

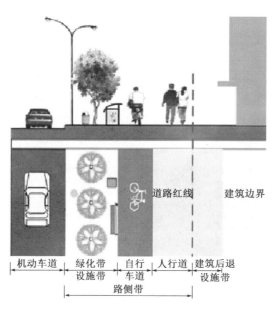

图 4-17　设施带布局图

良好的设施带设计，不仅可以改进交通秩序，也可以创造出更舒适的步行空间，如图 4-18 所示。

四、路拱与超高

1. 路拱及横坡概念

为了迅速排除路面的雨水，路面表面做成中间高两边低的拱形，称之为路拱。不同路面的路拱横坡应根据路面类型、当地自然条件、有利于路面排水和行车的安全平稳规定选用。一般将机动车道、较宽的非机动车道设计为双向路拱形式,而将路侧带与窄非机动车道设置为单向横坡形式。

a)

b)

图 4-18 设施带实景
a)将绿化带设置在人行道中间,和座椅结合;b)树池之间设置自行车停放设施

道路横坡是指路面、分车带、人行道、绿化带等的横向倾斜度,以百分率表示。道路横坡应根据路面宽度、路面类型、纵坡及气候条件确定,宜采用 1.0% ~ 2.0%。

快速路及降雨量大的地区宜采用 1.5% ~ 2.0%;严寒积雪地区、透水路面宜采用 1.0% ~ 1.5%。

2. 路拱的形式

路拱的形式依路面宽度、路拱坡度及施工便利等决定。常用的路拱形式有直线形、圆曲线、圆曲线 + 直线形、二次抛物线、半立方抛物线以及双曲线等。这些线形由于其排水速度以及美观性不同,适用于不同的条件。通常对窄支路、非机动车道采用直线形,对较宽的城市道路机动车道则采用抛物线形或双曲线形。水泥混凝土路面用直线形或折线形双面路拱。详见《道路勘测设计》等相关书籍。

3. 超高及过渡模式

(1) 超高取值

超高是为了克服道路转急弯时产生的离心力,将道路做成外侧高、内侧低的单向横坡形式。合理地设置超高,可以抵消离心力产生的不舒适的感觉,也可增加车辆行驶稳定性。

超高值(转弯时道路的横坡度)随着转弯半径越小、行车速度越高,其取值越大。但在城市道路上,由于车速普遍偏低且车种多样,为保证所有车辆的行驶稳定性,不能设置过大的超高值,这一点与公路差异较大。见表 4-7。

城市道路最大超高横坡度 表 4-7

设计速度(km/h)	100,80	60,50	40,30,20
最大横坡度(%)	6	4	2

(2) 超高过渡

当车辆匀速行驶时,车辆在圆曲线上产生的离心力是常数,即圆曲线上超高值不变,而在与圆曲线相接的缓和曲线上道路半径不断变化,超高值也相应地变化。此时,道路由直线上的双向路拱变化到单坡超高需要有一个过渡段,称之为超高缓和段。

超高过渡会产生视觉和景观方面的变化,同时对道路排水和道路工程量也有较大影响,因此要慎重选择超高过渡形式。

五、横断面设计图绘制要求

表现一条道路全线或某主要路段一般情况的横断面称为标准横断面,用以表示横断面组成部分的内容和宽度尺寸、横坡度和坡向、排水方向、竖向高程。横断面图的绘制包括以下三个部分的内容:

(1)绘制近、远期标准横断面图通常采用1∶100或1∶200的比例尺。在图上应绘出红线宽度、车行道、人行道、绿化带、照明、新建或改建的地下管道等各组成部分的位置和宽度,以及排水方向、横坡度等。

(2)绘制各个中线桩处的现状横断面图。图中包括横向地形、地物、中心桩地面高程、路基路面、横坡、车行道、人行道和边沟等。一般采用1∶100或1∶200的比例尺,纵、横坐标通常都采用相同的比例尺,这对绘制标准横断面和计算土石方数量都方便。

(3)最后在绘出的各个桩号的现状横断面图上,标出中心线的设计高程,再以相同的比例尺把标准横断面图画上去。土石方数量的计算和施工放样,就是以此图作为依据。

➡第四节　横断面综合比选案例

一、主干路

1. 交通性主干路

交通性主干路主要是满足交通需求。道路上车流量较大,机动车路面宽,交通地位比较重要。一般适用于城市中较长距离的交通转移。非机动车与行人数量较小,一般可以考虑采用三幅路、四幅路或多幅路的断面,如图4-19所示。

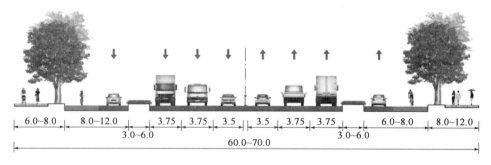

图4-19　城市交通性主干路横断面(尺寸单位:m)

2. 生活性主干路

生活性主干路主要是满足人们日常的生活出行。道路上主要以行人、上下班交通为主,也包含一定的购物、娱乐等出行。相对而言,它更多地考虑了人的需要,故必须考虑公交优先,有条件的道路应该规划公交专用车道,而且自行车流量较大。

故采用较宽的非机动车道(5~7m)和良好的人行道环境,人车分离,车道机非分离,支路可以机非混行,并考虑路边停车。此类道路可以采用单幅路、双幅路,如图4-20所示。

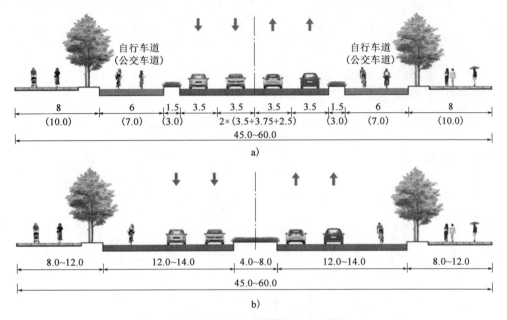

图4-20 城市生活性主干路横断面(尺寸单位:m)
a)一般生活性主干路(三块板式);b)有中央绿化带的生活性主干道(两块板式)

【**案例4-1**】 某小城市新区规划一条次干道,两侧主要用地为生活区。设计速度40km/h,规划红线宽度为40m,城市总规给出的断面设置为三幅路形式如图4-21所示。

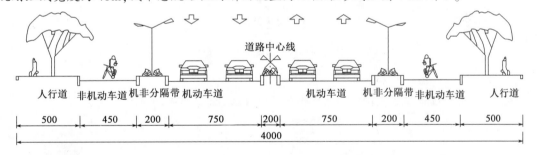

图4-21 某小城市新区原规划断面(尺寸单位:cm)

该断面存在以下问题:

(1)该道路共有4个车道,设置为四幅路后,平面分割感强烈,总体效果不佳。

(2)该机动车车道每个方向7.5m(不含路缘带宽),车道宽度不含路缘带已达到3.75m,导致车辆可能超速和道路资源浪费。

(3)车道划分为3个2m宽的分隔带,种植乔木困难。

改建后效果:改进后的断面如图4-22所示,由四幅路改为三幅路,取消了中分带,减少了机动车道宽度,同时两侧分带宽度达到3m,适于种植乔木、改进景观和绿化效果,并且也为远期扩建用地进行了预留。

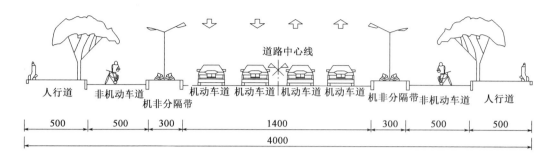

图 4-22 某小城市新区优化断面(尺寸单位:cm)

二、次干路

次干路与其他类型道路的显著差异在于其有交通性和生活性双重功能。

1. 交通性次干路

交通性次干路是交通性主干路之间的集散性或联络性的道路或位于用地性质混杂地段的次干路,特点是经过性交通量大,公共交通和非机动车交通突出,如图 4-23 所示。

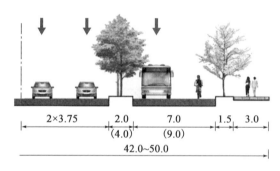

图 4-23 交通性次干路横断面(尺寸单位:m)

2. 生活性次干路

生活性次干路如商业大街、居住区级道路,其横断面如图 4-24 所示。

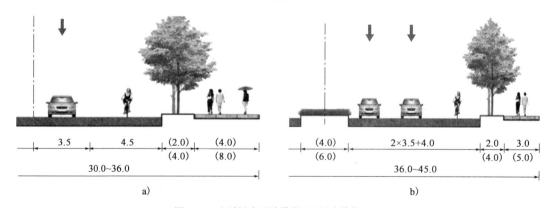

图 4-24 生活性次干路横断面(尺寸单位:m)
a)一般性次干路;b)有中央绿化带的次干路

(1) 商业区次干路

商业区次干路不仅要解决"车"的交通问题，而且不能忽略"人"的交通环境，在商业区归根结底应该为人创造良好的购物环境，创造一个舒适的步行环境和可达性良好的道路条件，如图4-25所示。

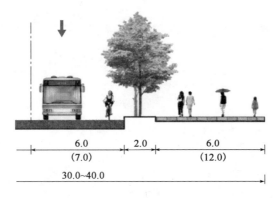

图4-25　仅供公交车辆的商业街横断面(尺寸单位：m)

(2) 居民区次干路

生活区等区域内非机动车有一定需求，而设计良好的步行空间应更加被重视。此外，道路两侧停车刚性需求较高，在进行次干路设计时，根据具体条件，可考虑加入停车空间后的横断面，如图4-26、图4-27所示。

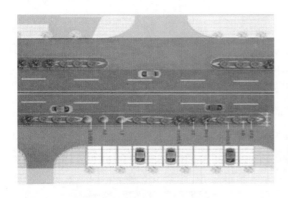

图4-26　生活区停车扩展空间　　　　　图4-27　某城市生活区次干路包含停车

【案例4-2】　某大城市老城区次干路红线36m，穿越商业区、居民区，假设车道数与交通量预测合理，比较图4-28a)和图4-28b)，挑出更合理的一张图并说明原因。

如图4-28a)所示，采用三幅路断面，机动车道平均宽度4m，很可能造成交通混乱或超速。路侧带宽度仅2m，除去绿化种植带宽度，人行道很难达到大城市3m的要求。

如图4-28b)所示，双幅路设置，人行道有所加宽，克服了图4-28a)的不足，此外，双幅路提供的3m中间带，可为行人过街起到保护作用。但图4-28b)存在机非干扰的问题，可以采用护栏隔离解决。

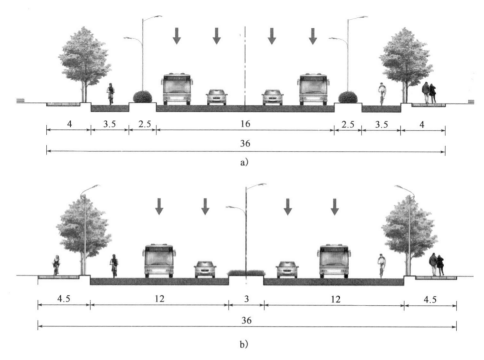

图 4-28 某大城市老城区次干路(尺寸单位:m)

三、支路

支路根据红线宽度不同和应用范围不同,城市支路所选择的横断面形式是有差别的。支路设计车速不大于 25km/h。支路的红线宽度应该根据功能要求而定。有条件时应该考虑一定的绿化带布置,需要设置路边停车带时还应该采用有路边停车位的断面形式。

1. 有路边停车位的支路

"行车难""停车难""乱停车"一直以来就是城市交通的难题。交通问题主要表现为车流量大,停车位不足,动态交通与静态交通不协调。该类型支路的主要功能就是能充分利用道路空间,增设支路内停车泊位,缓解停车供需矛盾,减少了违法停车对交通畅通造成的影响,如图 4-29 所示。

图 4-29 有路边停车位的支路(尺寸单位:m)

2. 有绿化带的支路

有绿化带的支路集交通功能和服务功能于一体,此种支路形式在居民区、老街和学校较常见。完善城市的步行系统,活跃城市的生活气息,为市民提供一个安全、舒适的步行空间是该类型支路的主要功能之一,如图 4-30 所示。

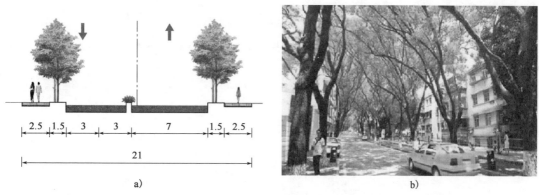

图 4-30 有绿化带的支路(尺寸单位:m)

【案例 4-3】 如图 4-31 所示,某新建居民区支路级别道路,红线宽 24m。假定交通量预测合理,下面两个断面哪个合适?

图 4-31a)和图 4-31b)相比,双幅路环境更好,行人与非机动车交通安全性更高。但图 4-31b)单幅路可以有更多的空间设置路侧停车(单向或双向),并且可以根据交通状况利用分隔栏进行适当隔离。图 4-31a)更加适合新建小区。因此两种设计方案针对不同类型的区域。以上两个图都有相同的问题——路侧带设计过窄,人行道无法达标(小城市大于 2m,大城市应大于 3m)。

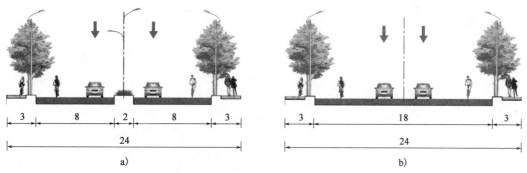

图 4-31 某新建居民区支路(尺寸单位:m)

【本章小结】

城市道路横断面设计理论看似简单容易,实际上包含了大量的设计经验,国内很多道路设计因为简单套用模板,而造成功能浪费或交通功能缺陷比比皆是。建议读者学习本章时,重点思考不同功能需求的道路采用不同形式的横断面时的适用条件,或者认真总结和反思采用同一横断面形式,分析比较各组成部分尺寸变化产生的设计效果,并明确道路横断面设计的主要任务是合理确定道路各部分的几何尺寸及其各个组成部分的相互布置关系。

【思考题】

1. 城市道路横断面的各个组成部分功能是什么？
2. 简述城市道路横断面的布置形式分类及其适用性。
3. 如何确定机动车的数量及车行道宽度？
4. 谈一谈你对支路横断面选型要点的理解。
5. 你认为道路空间和两侧建筑空间有哪些关联？设计道路的时候能否结合横断面和两侧土地空间共同营造道路环境？

第五章 路段平纵几何线形设计

导读：本章主要介绍城市道路的平面、纵断面设计的原理和方法，以及平纵面设计图纸的绘制要求。由于本章内容很多与道路勘测设计这门前修课程重复，因此，本章重点关注城市道路设计区别于公路设计的地方，而涉及道路几何设计要素的基本原理(如平纵曲线设计原理、视距原理、超高与加宽等)不再赘述，参见道路勘测设计类相关教材与标准。

第一节 道路平面线形设计原则与要点

城市道路设计即平面线形设计，应拟定各项需要的几何尺寸，以满足车辆行驶安全、迅速、经济与舒适的要求。

城市道路平面线形一般由直线和曲线组成。城市道路的平面线形设计主要包括选择合适的圆曲线半径，计算缓和曲线要素，合理解决曲线与曲线、曲线与直线的衔接，恰当地设置缓和曲线超高和加宽的缓和路段，计算行车视距，并排除可能存在的视线障碍等。

城市道路与公路平面线形设计有很多相同之处，但也有各自的特点和技术要求，在设计方法和图纸表达上也有不同的地方。

一、城市道路平面设计原则与要点

1. 平面设计的原则

(1) 道路平面位置，应按照城市总体设计规划道路网布设，即平面设计应遵循城市道路网规划要求。

(2) 道路平面线形设计，应与横断面结合，综合考虑各类设施(行车、非机动车、行人、绿地、过街、公交、建筑物出入口等)的平面布局，并符合各类各级道路的技术指标。

(3) 道路平面设计应满足交通设施(交通信号、标志标线、护栏、安全岛等)的设置要求，为交通设施预留空间或做好前期设计。

(4) 道路平面设计在符合规范的基础上，还应考虑照明、平面铺装的色彩组合、绿地布局等非几何要素方面的综合设计。

2. 平面设计主要内容

保证汽车行驶的安全、快速、经济和舒适是道路设计的总目标，平面设计也应该围绕这个总目标进行。平面设计的主要内容包括：

（1）平面线形设计，包括直线、圆曲线、缓和曲线各自的设计及其组合设计，应处理好直线与平曲线的衔接，合理地设置缓和曲线、超高、加宽等，同时要考虑行车视距问题。

（2）沿线桥梁、隧道、道口、平面交叉口、广场和停车场等平面布设、分隔带及其断口的平面布置、路侧带缘石断口的平面布置、公交站点的平面布置等。

（3）道路交通设施设计，包含行车道线、行人过街横道、停车线、公交停靠站、盲道等设施设计。

（4）道路照明及道路绿化以及排水设施的平面布置。

二、城市道路平面设计要素

1. 道路平面线形概述

道路是一条带状的三维空间的实体，它由路基、路面、桥涵、隧道和沿线附属设施所组成。路线是指道路中线的空间形态。路线在水平面上的投影线形称为道路的平面线形。平面设计的主要内容之一就是对平面线形进行合理设计。

无论是公路，还是城市道路，其路线平面位置受社会经济、自然地理和技术条件等因素的制约。设计者的任务就是在调查研究、掌握大量材料的基础上，一般先进行平面选线。然后沿这个平面线形进行高程测量和横断面测量，取得地面线和地质、水文及其他必要的资料后，再设计纵断面和横断面。为求得线形的均衡和土石方数量的节省，必要时再修改平面。

2. 道路平面基本线形

道路线形由直线和曲线组成，二者各有特点。线形组合以保证行车迅速、安全为原则。线形组合时，应使直线的最大长度和最小长度满足规范要求；同时应提高曲线的质量，根据行车要求和地形条件，选择合适的圆曲线和缓和曲线。

（1）直线

直线是平面线形中的基本线形，在公路与城市道路中的使用最为广泛。它以最短的距离连接两目的地，具有路线短捷、缩短里程、行车方向明确、视距良好、行车快速、驾驶操作简单的特点，同时，直线线形简单，容易测设。基于直线的这些优点，城市道路平面线形设计中经常采用直线。

通常在公路设计中因景观单一、视觉疲劳等因素，提出避免长直线的要求。而城市道路因两侧景观变化较大，对疲劳驾驶影响较弱，因此在城市道路中一般不存在该类问题。但城市道路网全部采用直线的时候，若两侧建筑雷同，形成的街道景观会比较单调，城市与建筑环境特色不明显，因此一些规划、设计专家提倡在一些街道因地制宜地适当设置道路曲线，形成丰富的景观。

（2）圆曲线

①圆曲线的特点。

在平面线形中，圆曲线是最常用的基本线形。在城市道路的平面线形中，无论转角大小，均应设置圆曲线。圆曲线能较好地适应地形变化，易与地形、地物、景观等配合协调，圆曲线配合得当，可获得圆滑舒顺的路线。

圆曲线除了一般道路中线设计外，主要出现在交叉口路缘石设置、交叉口渠化岛设计、环形交叉口以及渠化标线设计等处。

②圆曲线的设置。

a. 圆曲线最小半径。

根据《城市道路工程设计规范》(CJJ 37—2012)的规定,道路圆曲线最小半径应符合表5-1的规定。一般情况下应采用大于或等于不设超高最小半径值;当地形条件受限制时,可采用设超高最小半径的一般值;当地形条件特别困难时,可采用设超高最小半径的极限值。

圆曲线最小半径　　　　　　　表5-1

设计速度(km/h)		100	80	60	50	40	30	20
不设超高最小半径(m)		1600	1000	600	400	300	150	70
设超高最小半径(m)	一般值	650	400	300	200	150	85	40
	极限值	400	250	150	100	70	40	20

注:"一般值"为正常情况下的采用值;"极限值"为条件受限时可采用的值。

b. 圆曲线与平曲线最小长度。

《城市道路工程设计规范》(CJJ 37—2012)中对于平曲线与圆曲线最小长度给出了明确的规定,如表5-2所示。

平曲线与圆曲线最小长度　　　　　　　表5-2

设计速度(km/h)		100	80	60	50	40	30	20
平曲线最小长度(m)	一般值	260	210	150	130	110	80	60
	极限值	170	140	100	85	70	50	40
圆曲线最小长度(m)		85	70	50	40	35	25	20

(3)缓和曲线

缓和曲线是指在直线与圆曲线之间或者半径相差较大的两个转向相同圆曲线之间设置的一种曲率连续变化的曲线。缓和曲线设置在直线与圆曲线间或不同半径的两圆曲线之间,其形式主要为回旋线、抛物线、多心复曲线等。一般道路工程多采用回旋线。

①缓和曲线的作用与特点。

a. 缓和曲线曲率渐变,设于直线与圆曲线间,其线形符合汽车转弯时的行车轨迹,从而使线形缓和,消除了曲率突变点。

b. 由于曲率渐变,使道路线形顺适美观,有良好的视觉效果和心理作用感。

c. 在直线和圆曲线间加入缓和曲线后,使平面线形更为灵活,线形自由度提高,更能与地形、地物及环境相适应、协调、配合,使平面线形布置更加灵活、经济、合理。

d. 与圆曲线相比,缓和曲线计算及测设均较复杂。缓和曲线要素计算见《道路勘测设计》教材相关内容。

②缓和曲线的设置。

a. 直线与圆曲线或大半径圆曲线与小半径圆曲线之间应设缓和曲线。缓和曲线应采用回旋线,缓和曲线最小长度应符合表5-3的规定。当设计速度小于40km/h时,缓和曲线可采用直线代替。(注意:城市道路中很多支路和次干路设计速度小于40km/h,因此这种情况下可不设置缓和曲线。)

缓和曲线最小长度 表5-3

设计速度(km/h)	100	80	60	50	40	30	20
缓和曲线最小长度(m)	85	70	50	45	35	25	20

b. 当圆曲线半径大于表5-4不设缓和曲线的最小圆曲线半径时,直线与圆曲线可直接连接。

不设缓和曲线的最小圆曲线半径 表5-4

设计速度(km/h)	100	80	60	50	40
不设缓和曲线的最小圆曲线半径(m)	3000	2000	1000	700	500

c. 当圆曲线半径小于表5-1中不设超高最小半径时,在圆曲线范围内应设超高。最大超高横坡度应符合本规范表5-5的规定。当由直线段的正常路拱断面过渡到圆曲线上的超高断面时,必须设置超高缓和段。

最大超高横坡度 表5-5

设计速度(km/h)	100,80	60,50	40,30,20
最大超高横坡(%)	6	4	2

d. 当圆曲线半径小于或等于250m时,应在圆曲线内侧加宽,并应设置加宽缓和段。

3. 行车视距

为了行车安全,驾驶员应能随时看到汽车前面相当远的一段路面,一旦发现前方道路上有障碍物或迎面来车,能及时采取措施,避免相撞,这一过程中车辆必须行驶的最短距离称为行车视距。

行车视距是以驾驶员视线高度(1.1~1.2m)能看到前方道路上高度为0.1m物体顶点、沿车行道中线丈量所得的距离。

根据驾驶员采取措施的不同,行车视距可分为停车视距、会车视距、超车视距。行车视距是否充分,直接关系到行车的安全与迅速,它是道路使用质量的重要指标之一。

在城市道路设计中,主要考虑停车视距,如果车行道上对向行驶的车辆有会车可能时,应采用会车视距,会车视距为停车视距的两倍,对货车比例较高的道路,应验算货车的停车视距。交通法规不允许跨越道路中线利用对向车道进行超车,因此在城市道路设计中不存在超车视距问题。

以下地段须检查行车视距安全性:

(1) 道路两侧有建筑物进出口,且驾驶员视线被灌木或建筑物遮挡时。详细内容见第六章 平面交叉口设计。

(2) 道路平曲线上或平曲线附近有过街横道且视线容易被遮挡时。

(3) 道路转弯半径过小,弯道内侧有建筑物或障碍物时[图5-1a)]。

(4) 道路竖曲线为凸形,且竖曲线半径过小,导致驾驶员看不到凸曲线顶部后的区域时[图5-1b)]。

(5)被交道路采用凹曲线下穿跨线桥或广告牌存在遮挡时[图5-1c)]。

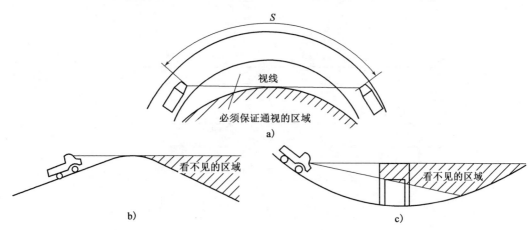

图5-1 影响行车视距的地点
a)平面视距;b)纵断面视距;c)桥下视距

表5-6列出了一般小客车在不同行驶速度下的停车视距,可用于检测视距不足的地点。

停车视距 表5-6

设计速度(km/h)	100	80	60	50	40	30	20
停车视距(m)	160	110	70	60	40	30	20

4. 分隔带及缘石开口设计

道路分隔带设计首先要确保交通安全,因此设置的中间分隔带和机非分隔带应尽量连续,但为保障两侧居民过街、车辆在紧急事态下的疏散与管理,分隔带上必须要设置开口。通常在设计中应注明开口的位置、端部几何设计大样以及开口的警示标线设计等。

(1)快速路中间分隔带在枢纽立交、隧道、特大桥及路堑段前后,应设置中间分隔带紧急开口。开口最小间距不宜小于2km,开口长度宜采用20~30m,开口处应设置活动护栏。两侧分隔带开口应符合进出口最小间距要求。

(2)主干路的两侧分隔带断口间距宜大于或等于300m,路侧带缘石开口距交叉口间距应大于进出口道展宽段长度。

(3)中央分隔带的开口端部形状,常用的两种:半圆形和弹头型。对于窄的分隔带($M<3.0m$)可用半圆形,宽的($M>3.0m$)可用弹头形,弹头形如图5-2所示。当R和R_1足够大时,可采用$R_1=25\sim120m$。R切于开口的中线,其值取决于开口大小,且一般采用R的最小值为15m。弹头尖端圆弧半径R_2可采用分隔带宽度为1/5。

需要说明的是,平面设计中要素较多,本节仅介绍了与几何设计密切相关的部分,尚未涉及绿化平面图、排水平面图、道路铺装平面图以及道路设施(路灯)平面图等,这些内容将在后续章节中逐一介绍。

5. 城市道路平面设计图主要内容及样图

完成路线平面设计以后,应绘制各种图纸和表格。其中主要的图纸有:道路区位示意图、道路平面设计图、道路交叉口设计图、道路其他设施平面布置图。主要表格有:直线、曲线及转角一览表,路线交点坐标表(或含在直线、曲线及转角一览表中),逐桩坐标表,路线固定表等。

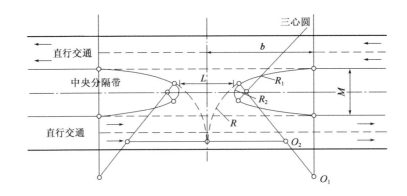

图 5-2 中间带开口
R、R_1、R_2-控制设计半径;L-断口最小长度,一般取 6m
(图片来源:吴瑞麟,沈建武.《城市道路设计》)

城市道路与公路相比,设施多,绘制内容多,因此在绘图比例尺的选用上一般比公路大。在绘施工图时,通常采用 1∶1000～1∶500 的比例尺。绘图横向范围,视道路等级而定,等级高的范围应大些,等级低的可小些,一般在道路两侧红线以外各 20～50m,或中线两侧各 50～150m,特殊情况例外。

路线平面图的内容包括:
(1)导线及道路中线的位置与参数,标注主要控制点坐标与高程。
(2)标注红线位置和主要变化点。
(3)坡口、坡脚线或挡土墙边缘线。
(4)车道线、人行道、人行横道线、交通岛、分隔带、护栏等按设计绘画。
(5)交通设施位置与内容,其他设施如绿化带、盲道、公交站台、出租车停靠站、道路铺装布局(如有具体要求时)。
(6)地下管线及设施。
(7)地形、地物、水系及附属物的测绘结果。

一张完整的平面设计图,除了清楚而正确地表达上述设计内容外,还可对某些细部设施或构件画出大样图。最后在图中的空白处做一些简要的工程说明,如工程范围、采用坐标系、引用的水准点位置等。

在城市道路设计文件中所提供的平面设计图应包括两种图式:一种是直接在地形图上所做的平面布置图,红线以内和红线以外的地形、地物一律保留;另一种是只绘红线以外的地形、地物,红线以内只绘车道线和道路上的各种设施,而不绘地形地物。两种图各有特点:前者可以看出设计人员是如何处理道路与地形地物之间的关系的(包括拆迁情况),后者则更清晰地表现道路上各种设施的位置和尺寸。如图 5-3 所示为初步设计阶段的城市道路平面图。

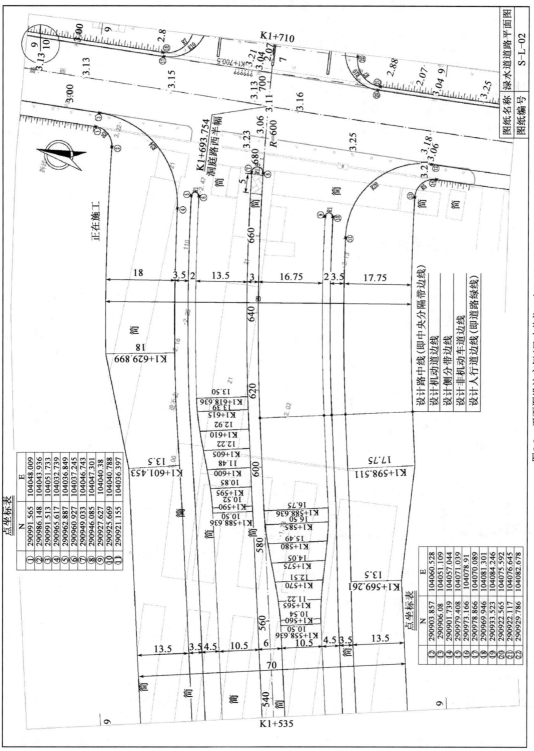

图5-3 平面图设计实例（尺寸单位：m）

第二节　城市道路纵断面设计

沿道路中线竖直剖切再沿道路里程展开的投影线形,称为道路的纵断面线形。在道路纵断面上有两条曲线,一条是道路纵断面设计线,另一条是道路纵断面地面线。道路纵断面设计线应是一条与地形相适应、连绵起伏的二维曲线。

纵断面设计的主要任务就是根据汽车的动力特性、道路类别(等级)、当地的自然地理条件以及工程经济性等因素,研究这条二维曲线几何构成的大小、长度以及平面线形组合关系,使得上述诸因素处于最佳,以便达到行车安全迅速、工程和运输经济合理及乘客感觉舒适的目的。城市道路纵断面设计除了要满足机动车辆行驶特性的要求外,与公路设计的不同点包括:一是与城市竖向规划密切相关,道路的纵断面设计会涉及相关区域的路网高程问题;二是机动车与非机动车道采用同一纵断面设计时,需要考虑非机动车的行驶能力。

一、城市道路纵断面设计要点

1. 设计原则

(1)道路纵断面设计应参照城市规划控制高程,并考虑道路网内部各条道路之间的合理衔接,适应临街建筑物立面布置及沿线范围内地面的排水要求。

(2)为保证行车安全、舒适,纵坡宜缓顺,起伏不宜频繁。

(3)山城道路及新辟道路的纵坡设计应综合考虑土石方工程量平衡,合理确定路面设计高程。

(4)对于机动车和非机动车混合行驶的车行道,应按非机动车爬坡能力设计道路纵坡。

(5)道路纵断面设计要妥善对待地下管线覆土深度的要求,同时要考虑地下依靠重力自流管线的纵坡要求。

2. 设计内容

(1)纵坡设计:包括坡度设计和坡长设计。

(2)竖曲线设计:在两条相邻坡度线的交汇处即变坡点处,设置适当曲率和适当长度的竖向曲线,以缓和坡度的变化,保证行车的平稳和舒适。

(3)视距验算:纵断面上产生视距不足的情况主要是在小半径的凸形曲线处和设置立交桥的凹形曲线路段,在这些地方应进行视距验算,避免出现视距不足的情况。

二、城市道路纵断面要素

纵坡设计约束因素主要是:城市道路交通组成复杂,不仅有小客车,也有大型客货运车辆。实践证明,纵坡较大的时候,大型车受影响最为明显,由于大型车爬坡能力较弱,遇到陡的上坡,速度会明显降低,从而影响交通流连续性和通行能力。此外,较陡的下坡对大型车安全行驶同样不利,尤其在结冰路段有很大的安全隐患。因此纵断面设计车辆以大型车为主。

除机动车外,道路设计应重点考虑自行车上下坡的现实需求,过大过长的坡度对自行车交通来说是非常不利的,应本着以人为本的角度,在纵坡设计中考虑自行车的设计需求。

1. 最大纵坡与最小纵坡

道路纵坡度的设计指标包括最大纵坡度和最小纵坡度两个方面。

(1) 城市道路最大纵坡

为保证车辆能以适当的车速在道路上安全行驶而确定的纵坡度最大值称为最大纵坡度,其数值大小与设计代表车型的动力性能有关。最大纵坡是道路纵断面设计中非常重要的控制指标。在地形起伏较大的山区和丘陵区,直接影响道路的工程造价、施工难易、使用成本、运输成本和交通安全。

城市道路机动车道最大纵坡推荐值与限制值应符合表 5-7 的规定。城市道路的非机动车道的纵坡宜小于 2.5%。

最 大 纵 坡　　　　　　　　　　表 5-7

设计速度(km/h)		100	80	60	50	40	30	20
最大纵坡(%)	一般值	3	4	5	5.5	6	7	8
	极限值	4	5	6		7	8	

① 新建道路应采用小于或等于最大纵坡一般值;改建道路、受地形条件或其他特殊情况限制时,可采用最大纵坡极限值。

② 除快速路外的其他等级道路,受地形条件或其他特殊情况限制时,经技术经济论证后,最大纵坡极限值可增加 1.0%。

③ 积雪或冰冻地区的快速路最大纵坡不应大于 3.5%,其他等级道路最大纵坡不应大于 6.0%。

(2) 城市道路最小纵坡

城市道路的最小纵坡度是针对城市道路的排水方式而确定的。一般情况下,道路两侧的雨水管或街沟沟底纵坡与道路平行,倘若道路纵坡度为零或者很小,则地面水的纵向流动就会迟滞,从而影响雨水的迅速排除。因此城市道路的最小纵坡应当保证排水和管道不淤塞所必需的最小纵坡,一般为 0.3%。如果遇到特殊困难的情况,纵坡必须小于 0.3%,应当设置锯齿形街沟或采取其他排水设施。

(3) 合成坡度

在弯道存在坡度路段,由于弯道超高横坡和纵坡度的组合,产生一个合成坡度 i,数值上它分别大于超高横坡度 $i_{超高}$ 和道路纵坡度 $i_{纵坡}$,方向为 $i_{超高}$ 和 $i_{纵坡}$ 的矢量合成方向。实践证明,合成坡度过大,对行车安全不利。因此,规范对合成坡度 i 亦作出相应的限制。在设有超高的平曲线上,超高横坡度与道路纵坡度的合成坡度应小于或等于表 5-8 的规定。

城市道路容许最大合成坡度　　　　　　　　　表 5-8

设计速度(km/h)	100,80	60,50	40,30	20
合成坡度(%)	7.0	7.0	7.0	8.0

注:积雪或冰冻地区道路的合成坡度应小于或等于 6.0%。

2. 最小坡长与最大坡长

(1) 道路最小坡长

道路最小坡长的限制,主要是从汽车行驶平顺性的要求考虑的。如果坡长过短,使得变坡点增加,汽车行驶在连续起伏地段产生的超重与失重变化频繁,导致驾驶员和乘客感觉不舒适,车速越高,这一现象越严重。从路容美观、相邻两竖曲线的设置和纵向视距等角度考虑,也要求坡长应有一个最短的长度。

城市道路最小坡长应符合表5-9的规定。在道路的平面交叉口、立交匝道以及过水路面地段,其最小坡长可不受此限制。

最 小 坡 长　　　　表5-9

设计速度(km/h)	100	80	60	50	40	30	20
最小坡长(m)	250	200	150	130	110	85	60

(2)最大坡长

受车辆动力性能的限制,当道路纵坡大于某一坡度值时,上坡车辆无法用高挡位快速行驶,不得不以低速并降低挡位获得更大动力克服上坡阻力,这种线形影响了车辆行驶的舒适性和连续性;反之,下坡车辆由于重力分力作用会加速行驶,坡道越长,车速增加越快,制动器长时间工作容易发热失灵,从而导致行车危险。因此,对于这一类纵坡度的路段,必须限制坡段长度,以保证道路整体车速的均衡性及道路安全,这便是最大坡长限制。相关规范分别对机动车道纵坡限制长度和非机动车道纵坡限制长度作了明确规定,详见表5-10、表5-11。

当道路纵坡大于表5-8所列的一般值时,纵坡最大坡长应符合表5-10的规定。

机动车最大坡长　　　　表5-10

设计速度(km/h)	100	80	60			50			40		
纵坡(%)	4	5	6	6.5	7	6	6.5	7	6.5	7	8
最大坡长(m)	700	600	400	350	300	350	300	250	300	250	200

非机动车道纵坡宜小于2.5%;当大于或等于2.5%时,纵坡最大坡长应符合表5-11的规定。

非机动车道最大坡长　　　　表5-11

纵坡(%)		3.5	3.0	2.5
最大坡长(m)	自行车	150	200	300
	三轮车	—	100	150

3.竖曲线

在两条相邻的纵坡线的交会点处,明显存在一个折点,该点称为变坡点。为了缓和汽车行驶在变坡点处产生的冲击力以及保证车辆的行车视距,变坡点处必须设置适当的竖向曲线,用以改善道路纵断面线形,增加行车安全感和舒适感。

(1)竖曲线线形

竖曲线线形一般采用二次抛物线。设计内容包括抛物线参数的确定和竖曲线长度两个方面。由于在纵断面上只计水平距离和竖直高度,斜线不计角度而计坡度,因此,竖曲线的切线长与曲线长是其水平面上的投影,切线支距是垂直的高程差,相邻两坡度线的交角用坡度差表示。

竖曲线要素计算不在本书中叙述，其计算方法见《道路勘测设计》等相关书籍。

(2) 竖曲线最小半径

在纵断面设计中，竖曲线的设计要受到许多因素的限制，其中有三个限制因素决定着竖曲线的最小半径或最小长度：缓和超重(或失重)冲击；行程时间不至于过短；满足视距的要求。

无论是凸形竖曲线还是凹形竖曲线都要受到上述三种因素的控制。需要说明的是，哪一种限制因素为最不利的情况，哪一种才是有效控制因素。就凸凹竖曲线来说，其控制因素是不一样的。

(3) 竖曲线长度

竖曲线的功能决定于其长度 L，L 不能太短，否则达不到"缓和冲击力、保证行车视距、增加行车安全感和舒适感"的目的。

设计时，各级道路纵坡变化处应设置竖曲线，竖曲线宜采用圆曲线，竖曲线最小半径与竖曲线最小长度应符合表5-12的规定。一般情况下应大于或等于一般值，特别困难时可采用极限值。

竖曲线最小半径与竖曲线最小长度　　　　　　表5-12

设计速度(km/h)		100	80	60	50	40	30	20
凸形竖曲线(m)	一般值	10000	4500	1800	1350	600	400	150
	极限值	6500	3000	1200	900	400	250	100
凹形竖曲线(m)	一般值	4500	2700	1500	1050	700	400	150
	极限值	3000	1800	1000	700	450	250	100
竖曲线长度(m)	一般值	210	170	120	100	90	60	50
	极限值	85	70	50	40	35	25	20

注：按竖曲线半径计算竖曲线长度小于表列数值时，应采用本表最小长度。

桥梁引道设竖曲线时，竖曲线切点距桥梁端部应保持适当距离，大、中桥为10~15m，工程困难地段可减为5m。

4. 城市道路纵断面设计约束点

与一般公路不同，城市道路一般在城市区域内建设，受到已有建筑构筑物、排水、景观等要求约束比较多，因此其纵断面设计大多受制于周边建筑以及道路等情况。通常有以下几种情况值得注意：

(1) 相交道路交叉口中心点规划高程。

一般道路设计时，根据规划要求红线控制点高程已经初步确定，但该值可以有一定的浮动，以适应实际情况需要。

(2) 与轨道交通平面交叉时的轨面高程。

道路与轨道交通(铁路或有轨电车)相交时，一般轨道顶面高程不变。

(3) 道路衔接的桥梁桥面高程。

道路衔接桥梁时，一般桥梁桥面高程不变，而相应调整所在道路纵坡与竖曲线。

(4) 道路下穿跨线桥时，根据桥下净空要求，道路竖曲线应进行调整以满足净空要求。

(5) 符合附属设施各种市政管线要求。

道路纵坡要考虑埋设于道路地表以下,且基本平行于道路走向的管线纵坡要求,以及最小和最大覆土深度要求。比如一些重力自流管线坡度不能过大或过小,否则会导致管线内部冲刷严重或流体滞留等情况。

除此之外,道路竖曲线设计还要考虑土方平衡、车速限制、竖向设计协调等因素。

5. 道路纵断面设计图的内容与绘制

纵断面设计图是道路设计重要技术文件之一,也是纵断面设计最重要的成果。纵断面采用直角坐标,以横坐标表示桩号,纵坐标表示高程。为了明显地反映沿着中线的平面起伏形状,通常横坐标比例尺采用1∶1000～1∶500,纵坐标采用1∶100～1∶50。道路中心线的纵向坡度、各段距离、设计高程及原有地面高程、桩号和交叉口等根据位置分别标注,如图5-4所示。

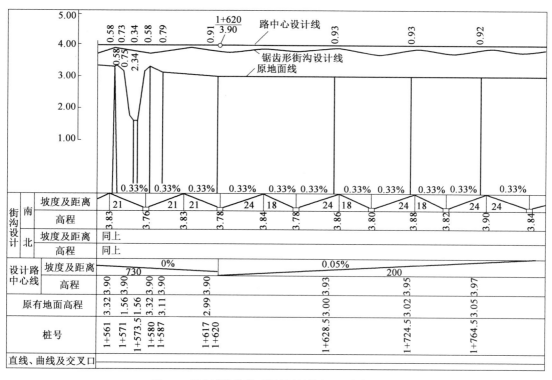

图5-4　城市道路纵断面设计图纸样本(尺寸单位:m)
(图片来源:刘远才.《道路勘测设计》)

纵断面图由位于坐标系内的图形和位于图形下的注解栏两部分内容组成,图形部分主要用来绘制地面线和纵坡设计线,也用以标注竖曲线及其要素,沿线桥涵及人工构造物的位置、机构类型、孔数和孔径,与道路、铁路交叉的桩号及路名、沿线跨越的河流名称、桩号常水位和最高洪水位,水准点位置、编号和高程,断链桩位置、桩号及长短链有关系。

注解栏主要用来填写有关内容,自下而上分别填写:直线及平曲线,里程桩号,地面高程,设计高程,填、挖高度,坡度/坡长,土壤地质说明,设计排水沟沟底线及其坡度/坡长、高程,流水线方向(视需要而标注)。

纵断面设计图应按规定采用标准图纸和统一格式,以便装订成册。

纵断面设计图的绘制可以运用适合的CAD软件利用计算机成图和输出,具体内容参见

《道路工程 CAD》和相关图书、资料。

【本章小结】

本章内容为道路几何设计,但由于大部分内容与《道路勘测设计》重复,为突出城市道路设计理念和设计要求,因而对于曲线设计方法等技术性内容略去,读者可自行查阅相关书籍和规范。

【思考题】

1. 城市道路平面线形设计与公路线形设计的异同点在哪里?
2. 缓和曲线的功能是什么?什么情况下设置缓和曲线?
3. 道路平面设计图中要有哪些要素?
4. 城市道路纵坡取值主要考虑哪些因素?为什么?
5. 城市道路纵断面设计中高程控制点有哪些类型?

第六章 道路平面交叉口设计

导读：平面交叉口是相交道路上各种车辆、行人交通汇集、转向的枢纽。由于不同方向的车流和行人的相互影响和干扰，不但会降低和影响通行能力，而且也容易发生交通事故。交叉口几何设计的主要目的是：通过对路段和交叉口的衔接设计，在考虑交叉口各个使用者的需求的基础上，根据道路以及排水设计要求，充分利用时空资源，设计出较为合理的平面交叉口整体布局。

第一节 道路交叉口设计概述

一、交叉口的设计范围

1. 交叉口设计范围

为明确设计对象，需要确定交叉口的设计范围。一般来说，交叉口设计范围主要是指交叉口道路红线包括的区域，包括车辆接近停车线的引道以及相接的路段部分。考虑到交通一体化协调，交叉口设计时应该将公交停靠站、行人过街横道、道路展宽段以及过渡段都包括进去。典型交叉口设计内容如图6-1所示。

2. 交叉口的交通问题和表现形式

交叉口设计不良常常会导致各种问题，如表6-1所示列出了这些问题的表象和表现形式。

改建型交叉口典型问题分析表 表6-1

问　题　点		问题表现形式
交通阻塞	通行能力	车道数不足
		车道过宽或过窄
		车道功能不合理
		机动车与非机动车混行
		周期过长
		相位组合采用对称设置
		信号相位衔接不合理
	交通需求分布	交通流量分布不均匀

续上表

问 题 点	问题表现形式
事故	交通岛的大小与位置不合理,影响交通安全
	由于绿化或其他设施的存在,影响到行车视距
	人行横道过长,行人过街安全无保障
便利性	交叉口处的无障碍处理不当
	人行横道有障碍
其他设施	人行横道位置不合理
	标志、标线不清
	信号的功能不明确

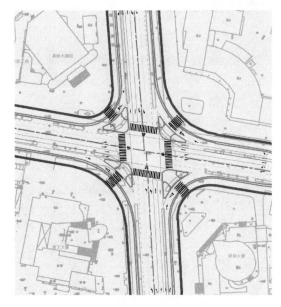

图 6-1　交叉口平面设计样图

二、交叉口几何设计的基本要求和内容

1. 交叉口几何设计的基本要求

(1)在确保安全的前提下,使车辆和行人在交叉口能以最短的时间顺利通过。

(2)正确设计交叉口立面,保证转弯车辆的稳定,同时保证交叉口范围内的地面水迅速排除。

(3)交叉口设计应根据相交道路的功能、性质、等级、设计速度、设计小时交通量、流向及周边建筑环境等进行。

(4)交叉口平面设计应与交通组织设计、交通信号控制、道路交通标志、标线等管理设施设计同步进行。

(5)地块及建筑物机动车出入口不得设置在交叉口设计范围内,且机动车出入口不宜设置在主干路一侧。

2. 交叉口设计的主要内容

(1) 正确选择交叉口形式,合理确定各组成部分的几何尺寸。

(2) 对不同交通方式以及不同流线交通进行交通组织,合理设计各种交通设施。

(3) 检查和消除交叉口的交通安全隐患点。

(4) 交叉口立面设计,合理布置雨水口和排水管道。

(5) 初拟交叉口设施铺装设计与选材方案。

第二节 平面交叉口的形式与设计

一、平面交叉口的类型及几何形式选择

1. 平面交叉口的类型

《城市道路交叉口设计规程》(CJJ 152—2010)对平面交叉口应按交通组织方式分类,并应符合满足下列要求:

(1) A 类:信号控制平面交叉口

①平 A_1 类:交通信号控制,进口道展宽交叉口。

②平 A_2 类:交通信号控制,进口道不展宽交叉口。

(2) B 类:无信号控制平面交叉口

①平 B_1 类:干路中心隔离封闭、支路只准右转通行的交叉口(右转交叉口)。

②平 B_2 类:减速让行或停车让行标志管制交叉口(让行交叉口)。

③平 B_3 类:全无管制交叉口。

(3) C 类:环形平面交叉口

平 C 类:环形交叉口。

具体选型见表 6-2。

平面交叉口选型 表 6-2

平面交叉口类型	选 型	
	推荐形式	可用形式
主干路—主干路	平 A_1 类	—
主干路—次干路	平 A_1 类	—
主干路—支路	平 B_1 类	平 A_1 类
次干路—次干路	平 A_1 类	—
次干路—支路	平 B_2 类	平 A_1 类或平 B_1 类
支路—支路	平 B_2 类或平 B_3 类	平 C 类或平 A_2 类

2. 平面交叉口几何形式选择

平面交叉口的几何形式,决定于道路网的规划、交叉口用地及其周围建筑情况,以及交通量、交通性质和交通组织。按交叉口的几何形状分类,平面交叉口(图 6-2)有十字形

[图 6-2a)]、X形[图 6-2b)]、T形[图 6-2c)]、Y形[图 6-2e)]等形式,此外还有错位交叉口[图 6-2d)]、多路交叉口[图 6-2f)]以及畸形交叉口等。

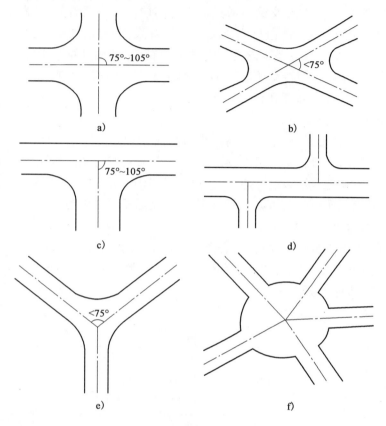

图 6-2　平面交叉口几何形式

交叉口两条相交道路相交角度过小时,交通组织比较困难且存在辨识方向的问题,有安全隐患。因此,新建平面交叉口一般不得出现超过四岔的多路交叉口、错位交叉口、畸形交叉口以及交角小于70°(特殊困难时为45°)的斜交交叉口。已有的错位、畸形和斜交交叉口应加强交通组织与管理。

二、平面交叉口一般几何设计

平面交叉的几何设计内容主要包括:确定交叉口设计车速、确定交叉口基本形式、确定纵坡、横坡及立面、确定路口缘石转弯半径、改善平面交叉口通视条件等。

1. 交叉口的设计速度

交叉口的交通岛、附加车道和转角曲线等各部分几何尺寸均取决于设计速度。交叉口的设计速度与路段的设计速度密切相关,二者速度差大时会因减速过大而影响行车安全,速度差小而路段车速又高时仍有行车危险。

无论设置信号与否,原则上车辆进入交叉口均要减速或停车,即进入交叉口后的行驶车速须低于路段车速。《城市道路交叉口设计规程》(CJJ 152—2010)规定:交叉口内的设计速度应按各级道路设计速度的 0.5~0.7 倍计算,直行车取大值,转弯车取小值。但交叉口进行视距验算时,直行车车速取值与路段设计车速一致。

2. 交叉口车道数

由于信号或停车要求,导致交叉口通过能力与路段不一致,为保证道路通行能力,在交叉口进口处需要增加车道数量,但显然交叉口空间有限,能够增加的车道数量也有限。此外,从渠化角度来看,交叉口最好能设置不同方向的专用车道,以便车辆进入交叉口时可以各行其道,避免相互干扰。但在交通量较小的道路上设置过多的车道,显然不经济,所以要考虑部分车道不同方向的共同利用。

交叉口车道数确定方法如下:

首先选定交叉口的形式,根据设计高峰小时交通量和不同行驶方向的交通组成以及交通流中的车种构成比例,进行交通组织设计,由此初步确定车道数。按照所确定的交通组织及信号配时方案,对初定车道数进行通行能力验算,如车道通行能力的总和小于高峰小时交通量需求,则必须增加车道数后重新验算,直到满足交通量的要求为止。

3. 交叉口车道宽度

进口道:由于车速降低且有序行驶,每条车道的宽度可较路段上略窄,城市道路在进口道全为小车时最小可取 2.75m 宽的极限值,通常情况取最小宽度 3m;出口道:由于车速较进口道高,其宽度应较进口道宽,具体尺寸根据实际道路条件确定。城市道路进、出口道设计宽度参考值见表6-3。

城市道路进、出口道设计宽度参考值   表6-3

项　　目	进　口　道		出　口　道
车道类型	小车	大车(混合)	
设计宽度(m)	2.8~3.25	3.0~3.5	3.2~3.5
旧城区推荐值(m)	2.8~3.0	3.0~3.2	3.2
新城区推荐值(m)	3.0~3.2	3.2~3.5	3.5

4. 交叉口的视距(视距三角形)

为了保证交叉口上行车安全,驾驶员在进入交叉口之前的一段距离内,应能看到相交道路上的行车情况,以便能及时采取措施顺利驶过或安全停车。这段必须的距离应该大于或等于停车视距 S_T。设计速度应该取直行车辆所在路段的设计速度。停车视距取值如表6-4所示。

停车视距取值表   表6-4

设计速度(km/h)		60	50	40	30	20
停车视距(m)	一般值	75	60	40	30	20
	低限值	55	45	30	25	15

由相交道路上的停车视距所构成的三角形称为视距三角形。在其范围内不能有任何阻挡驾驶员视线的障碍物,如图6-3所示。确定视距三角形的步骤如下:

(1)确定停车视距 S_T。

可用前述停车视距计算公式计算或根据相交道路的设计速度(表6-4)确定。

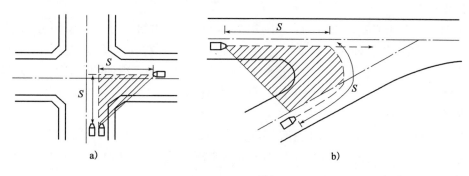

图 6-3 视距三角形
a)十字形交叉口;b)X 形交叉口

(2)找出行车最危险的冲突点。

不同形式交叉口的最危险冲突点的找法不尽相同。对于十字形交叉口[图 6-3a)],最危险的冲突点是在南进口最靠右边的第一条直行机动车道的轴线与东进口最靠中心线的一条左转车道的轴线所构成的交叉点。

(3)从最危险的冲突点向后沿行车的轨迹线(可取行车的车道中线)各量取停车视距 S_T。

(4)连接末端构成视距三角形。

在视距三角形内不能有阻挡驾驶员视线的障碍物,如围墙、高于 1.2m 的连续灌木或广告牌等大型遮挡物。

5. 交叉口转角的路缘石平曲线

平面交叉口转角路缘石宜为圆曲线或复曲线,其转弯半径应满足机动车和非机动车的行驶要求,可按路缘石转弯最小半径表(表 6-5)选定。

路缘石转弯最小半径表　　　　　表 6-5

右转弯设计速度(km/h)		30	25	20	15
路缘石转弯半径(m)	无非机动车道	25	20	15	10
	有非机动车道	20	15	10	5

提示:该路缘石半径的计算方法是从保障机动车通畅运行角度推导而出,但当前越来越多的研究和实践发现,在平 A_2 类、B 类交叉口,利用较小半径缘石(5~10m)可以让车辆右转时自然减速,从而更有利于保护行人和机动车。

三、交叉口拓宽车道设计

当交叉口等级为平 A_1 类,需要扩大交叉口时,进口道需增辟左转或右转专用车道。拓宽车道的设计主要解决拓宽车道的设置条件、设置形式及拓宽长度三个方面的问题。

1. 设置条件

高峰小时一个信号周期进入交叉口的左、右转车比例较大,或左转车辆多于 3~4 辆,此时即可设置专门的左转或右转车道。

2.设置形式

设置形式可采用展宽进口道、原路中线向左偏移压缩出口道及借用中间分隔带三种形式,这三种形式可以组合使用。在此应注意:右转车道宜向右侧展宽,左转弯车道宜采用前两种形式;中线向左偏移,不能过多地压缩出口车道,要保证出口道的车道数和合理宽度;借用中间分隔带时,要保证过街行人的驻足宽度(不小于1.5m)。

3.拓宽车道的长度 L_y 值

拓宽车道的长度 L_y 值,应能使右转车辆(如向进口道的左侧拓宽,则为左转车辆)从最大的候车车列的尾车驶入拓宽的车道,其长度由渐变段长度 L_t 和展宽段长度 L_d 两部分组成,以右转车道长度计算为例,如图6-4所示。

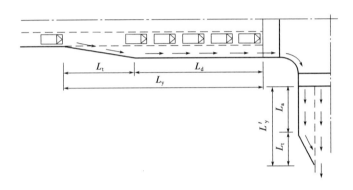

图6-4 右转车道长度计算示意图

(1)渐变段长度 L_t

渐变段长度 L_t 可按转弯车辆以70%的路段设计速度行驶横移3s时间计算。其最小长度一般规定为:支路20m,次干路25m,主干路30~35m。

(2)拓宽段转向车道的长度 L_d

在车速不高(<50km/h)的城市道路上,拓宽转向车道长度要能保证直行车排队长度 L_s 不至于过长,以便堵死转向车辆驶入拓宽车道的通道。在设计车速较高的路段上(>50km/h),要保证按照车辆能够完成加减速的要求设置的长度。

拓宽车道应能使转弯车辆从路段直行车道最长的等候车队 L_s 的尾车后驶入拓宽的车道,其长度为:

$$L_s = n \cdot l_n \quad (m) \tag{6-1}$$

式中: l_n ——直行等候车辆所占的长度(m),一般取9m,若为公交专用道时,单独计算;

n ——一次红灯期间到达直行车辆数,可根据交通工程学中的有关内容确定。

(3)展宽过渡线设计

当拓展车道压缩左侧出口道导致中线偏移时,应采用过渡区标线加以渠化。渠化长度 l_d 可按照前述方法予以确定, l_2 不应小于2m。如图6-5所示。

当展宽车道压缩右侧非机动车和行人车道时,应采用鱼腹线标线加以渠化,其渠化长度按前述要求设置,如图6-6所示。

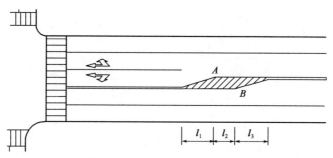

图 6-5　进口道横断面中线偏移时的过渡区标线

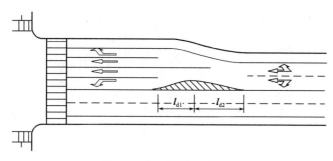

图 6-6　进口道的鱼腹线标线

第三节　平面交叉口的交通组织

交叉口设计必须要结合交叉口的交通状况(包括各种交通方式的流量、转弯数量、比例等)来采取必要的组织管理措施,以减少不同方式和方向交通之间的相互干扰。因此,交叉口的几何设计须结合交叉口的交通组织设计来进行。

一、机动车交通组织

1. 进口道车道的划分

交叉口处车辆必须要减速或等待以后通过,其一个车道的通行能力低于路段车道的通行能力,因此为保证在交叉口上的通行能力不过多地低于路段通行能力,通常采用在交叉口进口处增加车道的办法来解决。

一般根据进入交叉口的流量、流向,按不同交通组成设置导向车道,通常将机动车与非机动车分开,机动车道划分为左转、直行及右转三种专用车道。进口道展宽段应尽可能为左转、直行和右转分车道行驶创造条件,特别是设置有专用箭头灯时,必须设置相应的专用车道。为了节约用地,可将左转车道向中心线一侧稍微偏移布置,设置车道主要以各个转向车辆的流量确定,一般的设置方法见图 6-7。

2. 特殊情况车道设置

当出现交叉口转弯半径不足、车辆换道困难等特殊情况时,车道移位设置:

(1)交叉口较小,左转车难以满足转弯半径时,将左转车道移动到右侧,以增大左转半径,如图 6-8 所示。

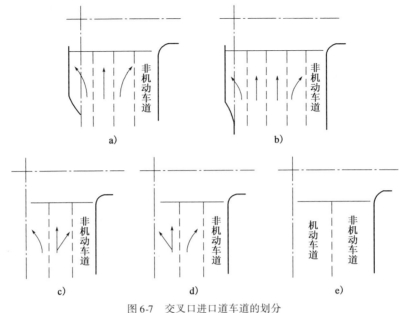

图 6-7 交叉口进口道车道的划分

a)左、直、右方向车辆组成均匀,交通量相当,各设一条专用车道;b)直行车辆很多且左、右转车辆也有一定数量时,设两条直行车道和左、右转各设一条车道;c)、d)直行右转合并,左转直行合并车道;e)行车道宽度比较窄,不设专用车道,只划分快、慢行车道

（2）快速路出口与地面交叉口平交,为防止右转车辆横向变线干扰交通,将右转设置于出口前方。如图6-9所示。

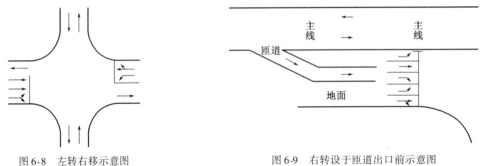

图 6-8　左转右移示意图　　　　图 6-9　右转设于匝道出口前示意图

以上特殊情况在设计应用时应注意,尽量在一条道路上统一转向车道的位置,并提前设置有效提示标志提醒驾驶员车道的位置,避免驾驶员误行。

二、行人及非机动车交通组织

1. 行人交通组织

在交叉口内,由于设置拓宽车道,很容易压缩行人步行空间,因此交叉口设计的重要任务是保障行人路权,即保障人行道有足够的空间便于行人行走、滞留以及设置报刊亭等必要设施。此外,应利用几何设计和渠化设施降低机动车与非机动车车速,以增加行人过街安全保障。

交叉口行人过街的问题,主要是考虑人行横道、安全岛、天桥或地道如何设置（天桥地道设计将在第九章详细论述）。

一般采用人行横道过街,行人过街横道的设计主要有以下几点:过街位置;过街形式(垂直相交道路还是斜交);横道宽度;附属设施。

人行横道一般设置原则包括:

(1)应设在驾驶员容易看清楚的位置,尽可能靠近交叉口与行人的自然流向一致,并尽量与车行道垂直,以缩短行人过街的步行距离。

(2)当行人过街横道过长(大于15m)时,为了缩短行人过街时间,确保过街行人安全,应在过街横道中间设置行人安全岛并加装防护装置,其宽度应大于1.5m。

(3)原则上人行横道应垂直于道路设置,可使行人过街距离最短,但如果道路斜交时,为避免行人不拐直角弯及扩大交通面积,人行横道可与相交道路平行。

(4)人行横道的宽度主要取决于过街人流量的大小,一般应比路段人行道宽些,其最小宽度为4m,当过街人流量较大时,可适当加宽,但不宜超过8m。

(5)在设置信号灯或停车标志的交叉口,应在路面上标绘停车线,指明停车位置。停车线应布置在人行横道后至少1m处,并应与人行横道平行。一般布置如图6-10所示。

2.非机动车交通组织

在交叉口,非机动车道通常布置在机动车道和人行道之间。非机动车与机动车、行人之间的交通干扰很大。

根据自行车交通的基本特性和提高通行能力等方面考虑,为了充分利用交叉口的时间和空间资源,交叉口内自行车通行空间优化设计方法,可分别采用设置左转弯等待区间、二次过街(图6-11)等方式。

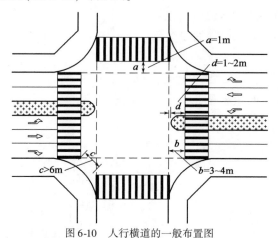

图6-10 人行横道的一般布置图

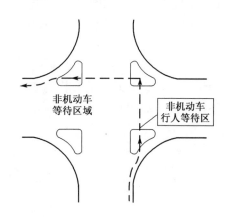

图6-11 非机动车二次过街示意图

a-不考虑过街行人与非机动车并行时,人行横道外缘与机动车行驶线路外边缘安全距离;b-考虑右转车停车让行人时,为保证车辆不与人行横道冲突,人行横道适当后退的距离;c-右转车停车让行的停车空间;d-设置行人过街中央驻足区时,设置安全岛的端部至人行横道边缘的最小长度

三、渠化交通设施设计

所谓渠化交通,就是指在道路上划线或用绿带和交通岛来分隔车道,使各种不同类型和不同速度的车辆,能像渠道内的水流那样,顺着一定的方向互不干扰地通过。主要采用划线方

式,这样做可以避免车辆撞岛事故,而且也便于交叉口调整交通管理措施,如图 6-12 所示。

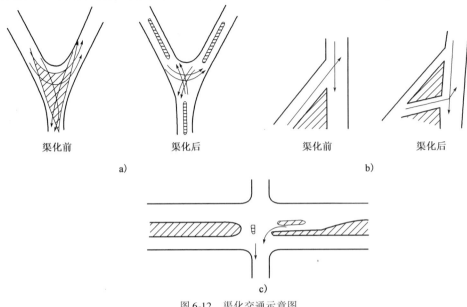

图 6-12 渠化交通示意图

1. 渠化的作用

(1) 明确行驶方向,避免误行,如图 6-12a) 所示。
(2) 限制车辆的行驶方向,改变冲突角度,如图 6-12b) 所示。
(3) 限制车道宽度,控制车速,防止超车,如图 6-12c) 所示。
(4) 设置交通标志,并可作为行人过街时避让车辆的安全岛。

2. 渠化岛设计

渠化设施起到引导、限制车流的作用时,设计时要注意渠化设施的尺寸、形状以及其他的设计要素。交通岛的形状为直线与圆曲线的组合图形,其设计要素如图 6-13 所示,其最小尺寸规定如表 6-6、表 6-7 所示。

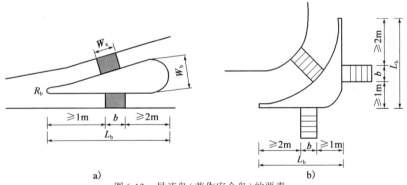

图 6-13 导流岛(兼作安全岛)的要素
b-人行过街横道宽度

导流岛各要素的最小值　　　　　　　　　表 6-6

要素	W_b	L_b	R_b
最小值	3.0	$b+3$	1.0

导流岛偏移距、内移距(m)　　　　　　　　　　　　表 6-7

设计速度(km/h)	偏移距 S	内移距 Q	R_0	R_1	R_2
≥50	0.50	0.75	0.50	0.5~1.0	0.5~1.5
<50	0.25	0.50			

当导流岛很大时，端部内移距在主要道路一侧按 1/20~1/10 过渡，次要道路一侧为 1/10~1/5。导流岛的端部内移距见图 6-14。

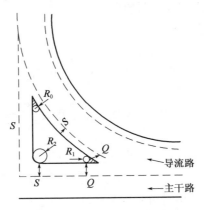

图 6-14　导流岛的端部和内移距

各种交通岛的面积在城区不小于 $5m^2$，其他地区不小于 $7m^2$。用缘石标界的交通岛一般高出路面 15~25cm，有行人通过时取 12~15cm。

第四节　环形交叉口设计

环形交叉口是一种以中心岛为导向岛，进入交叉口的车辆一律逆时针绕行，无需信号控制，实现"右进右出"的一种渠化方式，它将交叉口的冲突点转换为交织运行。环形交叉口的组成如图 6-15 所示。

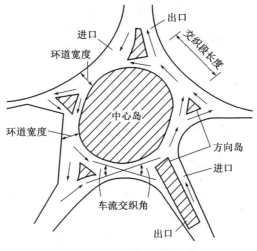

图 6-15　环形交叉口的组成

一、环形交叉口的优缺点与适用条件

1. 环形交叉口的优点

(1)驶入交叉口的各个方向的车辆无需停车,可连续行驶,减少了车辆在交叉口的延误时间。

(2)环道上行车只有分流和合流,消灭了冲突点,提高了行车的安全性。

(3)交通组织简便,一般不需要信号管制。

(4)中心岛绿化可美化环境。

2. 环形交叉口的缺点

(1)占地面积大,城区改建困难;增加了车辆绕行距离,特别是左转弯车辆。

(2)一般造价高于其他平面交叉。

(3)当交通量超过其通行能力时,会因交织困难而发生"自锁"现象(交通完全瘫痪),从而造成拥堵。

3. 环形交叉口的适用范围

一般适用于多路交叉或畸形交叉口,且通过交叉口的机动车交通量为 1000~3000pcu/h,左右转弯车辆较多,且地形较平坦时可考虑采用。在快速道路和交通量大的干线道路上、有大量非机动车和行人交通、斜坡较大地形以及桥头引道上均不宜采用。

二、环形交叉口的基本要素与要求

环形交叉口的形状应根据交通流特性、相交道路等级和地形地物等条件确定,原则上应保证车辆能够以一定速度顺利完成交织运行。

中心岛的形状一般多用圆形,有时也采用长圆形,主次干道相交时宜采用椭圆形。此外,结合地形、地物和交角等,也可以采用其他规则或不规则形状的中心岛。

1. 中心岛半径

中心岛的半径首先应满足行车速度的要求,然后按相交道路的条数和宽度,验算相邻道口之间的距离是否满足车辆交织行驶的要求。下面以圆形中心岛为例,介绍中心岛半径的计算方法。

(1)按设计速度的要求

中心岛半径计算公式:

$$R = \frac{v^2}{127(\mu \pm i_h)} - \frac{b_i}{2} \quad (\text{m}) \tag{6-2}$$

式中:R——中心岛半径(m);

b_i——紧靠中心岛的车道宽度(m);

μ——横向力系数,建议大型客车 $\mu = 0.10 \sim 0.15$,小汽车 $\mu = 0.15 \sim 0.20$;

i_h——环道横坡度(%),一般采用 1.5%;

v——环道设计速度(km/h),一般取道路设计车速 0.5~0.7 倍,建议取值:公共汽车为 0.5 倍,载重车为 0.6 倍,小客车为 0.65 倍。

(2) 按交织长度的要求

进环和出环的车辆，在环道行驶时互相交织，交换一次车道位置所行驶的路程，称为交织长度（图6-16）。交织长度主要取决于环道上的行驶速度，其大致可取相邻道路机动车道外侧边缘延长线与环道中心线交叉点之间的弧长。中心岛半径必须满足两个路口之间最小交织段长度的要求，否则，在环道上行驶中需要互相交织的车辆，就要停车等候，不符合环形交叉连续行驶的交通特征。环道上不同车速所需要的最小交织长度如表6-8所示。

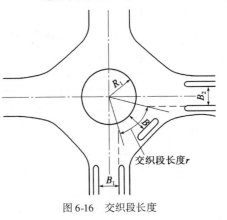

图6-16　交织段长度

最小交织段长度　　　　　　　　　　　　表6-8

环道设计速度(km/h)	50	45	40	35	30	25	20
最小交织段长度(m)	60	50	45	40	35	30	25

综上所述，中心岛最小半径可以按表6-9所示取值。

中心岛最小半径　　　　　　　　　　　　表6-9

环道设计速度(km/h)	40	35	30	25	20
中心岛最小半径(m)	65	50	35	25	20

2. 交织角

交织角是检验车辆在环道上安全行驶情况的一个重要参数。一般来说，两个交织运行车辆互相换道，其变道前后轨迹首尾连线构成一个锐角，该角度越小，说明换道越容易，角度变大，则可能由交织变为冲突。交织角大小由交织长度和环道宽度决定。一般来说，交织角最好选择在20°~30°之间。

三、环道的宽度

1. 环道的车道数

环道即环绕中心岛的单向行车带，其宽度取决于相交道路的交通量和交通组织。环道的机动车道宜为3~4条，最内侧车道作绕环用，最外侧为右转车道，中间为交织车道。如果非机动车多的话，还应考虑一条专用的非机动车道。

据实际观测，当环道车道数从两条增加到三条时，通行能力提高显著；而当车道增加到四条以上时，通行能力增加得很少。原因在于：一是不符合驾驶习惯，驾驶员不愿意交织两次以上进入内侧车道，再交织两次出环，因此内侧车道利用率极低。二是车辆绕岛行驶时需要交织，在交织长度小于两倍的最小交织长度（考虑占地和经济性，一般不可能超过两倍）范围内，车辆只能顺序行驶，不可能同时出现大于两辆车交织。所以，不论车道数设计多少条，在交织断面上只能起到一条车道的作用。

因此，环道的车道数采用三条为宜；如交织段长度较长时，环道车道数可布置四条；若相交道路的车行道较窄，也可设两条车道。

2. 环道加宽

由于环道半径很小，车辆转弯需要利用道路侧向余宽，因此，环道车道须按照弯道加宽值予以加宽，如表6-10所示。

环道上车道加宽值（m）　　　　　　　　　　　　　　　　　　　表6-10

中心岛半径（m）		$10<R\leqslant15$	$15<R\leqslant20$	$20<R\leqslant30$	$30<R\leqslant40$	$40<R\leqslant50$	$50<R\leqslant60$
车型	小型车	0.80	0.70	0.60	0.50	0.40	0.40
	大型车	3.00	2.40	1.80	1.30	1.00	0.90

3. 环交通行能力

虽然环形交叉口上车辆连续不停车行驶，但其通行能力并不比一般交叉口大，主要原因是受车辆速度低和车辆交织影响，此外，非机动车流量较大时，对机动车流干扰严重，通行能力明显下降，见表6-11。

环形交叉口的规划通行能力　　　　　　　　　　　　　　　　　表6-11

机动车的通行能力（千辆/h）	2.7	2.4	2.0	1.75	1.6	1.35
同时通过的自行车数（千辆/h）	2	5	10	13	15	17

目前国内很多城市在环形交叉口上加装信号控制，该措施实质改变了环形交叉口自组织性质，通过信号控制单向交通组织，减少了交织，并避免了环岛饱和自锁，从而提高通行能力。

四、环道的横断面

环道的横断面形状与行车平稳和排水的关系很大。横断面的路拱脊线通常是设在环道中线。若机动车与非机动车之间设有分隔带，其路脊线也可设在分隔带上。中心岛的四周应设置雨水口，以保证环道上积水的排除，在进、出口之间无交通的地方可设置三角形的方向岛。

五、其他类型环交

环交半径过小时，其运行规律不同于前述大半径环交，而是采用让行、减速措施通过交叉口，此时环岛成为障碍物和引导物，对车辆行驶方向和速度进行限制。以下介绍两种国外采用的小型环交和微型环交。

1. 小型环交

环岛直径在5～25m之间。将进口道方向调整到与环道切线平行，依靠车辆减速和让行通过，其核心技术是设置进口道偏移以及合适的环岛半径。小型环交示意图如图6-17所示。

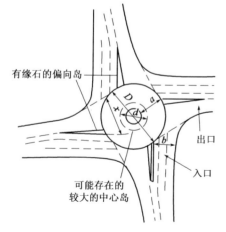

图6-17　小型环交示意图

小型环交的主要特点及参数包括：

（1）进口道中间带进行偏移，并增加进口车道数。

（2）d 为小型环岛的直径，约为 $D/3$（D 为该交叉口可能设置的最大环岛半径），d 值应小于8m。

(3) x 为停车线至行驶方向下一个冲突点距离,x 不小于 25m。

(4) 环道宽 a 小于前一个入口宽 b。

2. 微型环交

微型环岛直径在 5m 以下,环岛通常用地面喷漆涂绘,可以采用双环岛形式引导车辆有序通行。其原理是依靠车辆让行规则和环岛引导模式通行,适合于车速限制严格区域。本书在第十一章专门介绍。

第五节 平面交叉口立面设计

交叉口立面设计(也称竖向设计)的目的是通过调整交叉口范围内相交道路共同构筑面,以及引道上各点的设计高程,合理确定各相交道路之间以及交叉口和周围建筑物之间共同面的关系,以符合行车舒适、排水迅速及建筑艺术等要求。

一、交叉口立面设计的要求和原则

立面设计主要取决于相交道路的等级、交通量、横断面形状、纵坡大小和方向以及周围地形等。设计时首先应照顾主要道路上的行车方便;在不影响主要道路行车方便的前提下,也应适当改动主要道路的纵、横坡,以照顾次要道路和行车方便。

交叉口立面设计的一般原则如下:

(1) 主、次道路相交,主要道路的纵横坡度一般均保持不变,次要道路的纵横坡度可适当改变。

(2) 同级道路相交,各自纵坡一般不变,而改变横坡。

(3) 设计时至少应有一条道路纵坡方向背离交叉口,以利于排水。如遇特殊地形,所有道路纵坡方向都向着交叉口时,必须在交叉口内设置雨水管道和排水管道,以保证排水要求。

(4) 交叉口范围布置雨水口时,一条道路的雨水不应流过交叉口的人行横道,或流入另一条道路,也不能使交叉口内产生积水。

(5) 交叉口范围内横坡要平缓些,一般不大于路段横坡,以利于行车。纵坡度宜不大于 2%,困难情况下应不大于 3%。

(6) 交叉口立面设计高程应与周围建筑物的地坪高程协调一致。

二、交叉口立面设计的基本类型

交叉口立面设计的形式,主要取决于交叉范围相交道路的纵坡、横坡及地形。以十字形交叉口为例,根据相交道路纵坡方向的不同,立面设计有以下六种,如图 6-18 所示。

(1) 交叉口为凸形地形,相交道路纵坡均自交叉口中心向外倾斜[图 6-18a)]。

(2) 交叉口处于凹形地形上,相交道路的纵坡方向都指向交叉口[图 6-18b)]。这种形式地面水都向交叉口集中,排水比较困难,应尽量避免。若因地形限制,必须时应设置地下管道排水。

(3) 交叉口处于分水线地形上,有三条道路纵坡方向背离而一条指向交叉口[图 6-18c)]。

(4)交叉口处于谷线地形上,有三条道路纵坡方向指向交叉口而一条背离[图6-18d)]。

(5)交叉口处于斜坡地形上,相邻两条道路纵坡指向交叉口而另两条背离[图6-18e)]。

(6)交叉口处于马鞍形地形上,相对两条道路纵坡指向交叉口而另两条背离[图6-18f)]。

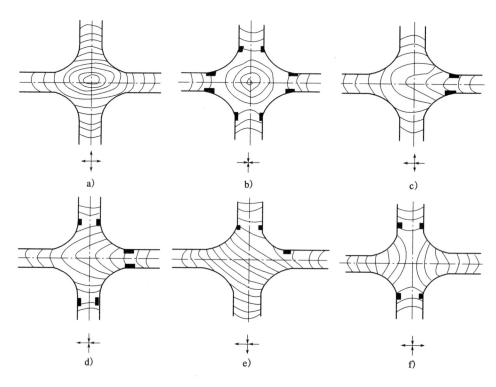

图6-18 交叉口立面设计的基本形式

除以上六种基本形式外,必要时,可以不改变纵坡,而将相交道路的街沟都设计成锯齿形,用以排除地面水。

三、交叉口的立面设计方法和步骤

交叉口立面设计借鉴了建筑设计中的广场设计方法,用等高线表达交叉口地面起伏情况。通常采用的方法有方格网法、设计等高线以及方格网设计等高线法三种。

方格网法是在交叉口范围内以相交道路中心线为坐标基线打方格网,测出方格点上的地面高程,求出其设计高程,并标出相应的施工高度。设计等高线法是在交叉口范围内选定路脊线和高程计算线网,并计算其上各点的设计高程,勾绘交叉口设计等高线,最后标出各点施工高度。

比较上述两种方法,其中设计等高线法比方格网法更能清晰地反映出交叉口立面设计形状,但等高线上的高程点在施工放样时不如方格网法方便。为此,通常把以上两种方法结合使用,称之为方格网设计等高线,既能直观地看出交叉口的立面形状,又能满足施工放样方便的要求。

对于普通交叉口,多采用方格网法或设计等高线法,其中混凝土路面宜采用方格网法,而沥青路面宜采用设计等高线法;对于大型、复杂的交叉口和广场的立面设计,通常采用方格网设计等高线法。

如图 6-19 所示为交叉口立面设计示例图。

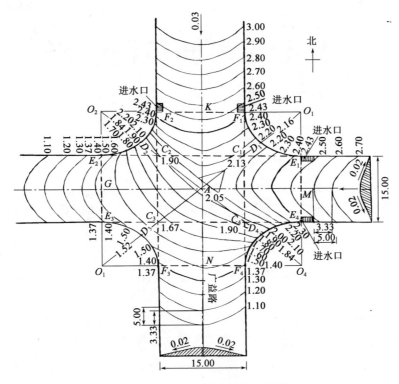

图 6-19　交叉口立面设计图示例(尺寸单位:m)

【本章小结】

本章内容包括城市道路平面交叉口的形式以及拓宽设计、平面交叉口的交通组织、环形交叉口的设计,同时介绍了平面交叉口的竖向设计。平面交叉口应结合地形、交通状况、公交站点以及交通管理综合设计,仅仅根据道路等级设计难以达到一体化设计要求。

【思考题】

1. 十字错位畸形交叉口会导致哪些交通问题?
2. 左转车辆渠化设计有哪些常用技术手段支持?
3. 行人过街横道设计要点有哪些?
4. Y 字形或 T 字形交叉口,其最危险的冲突点和视距三角形如何判断?
5. 环形交叉口上环道越多,通行能力是否越大?
6. 环形平面交叉口的适用条件是什么?
7. 平面交叉口渠化设施设计有哪些要求?

第七章　城市快速路

导读：快速路是城市内最高等级道路，其功能主要为保障城市中、长距离的快速出行，因此设计理念与方法和高速公路基本一致。不同之处在于，快速路在城市中出入口较多，且多采用高架或地下立体交通模式，并采用辅助道路联系周边道路，因此各个交通环节之间的联系合理至关重要。

第一节　横断面布置

城市快速路是在城市内修建的，中央分隔、全部控制出入、控制出入口间距及形式，具有单向双车道或以上的多车道，并设有配套的交通安全与管理设施的城市道路。

城市快速路横断面设计应符合城市道路规划。横断面布置应按地面快速路、高架快速路、路堑式快速路分别布设。

城市快速路的路段横断面布置形式分为地面整体式，高架（隧道、路堑）整体式，高架分离式三种或上述三种的组合形式，这些形式应根据地形、地物条件因地制宜选用。横断面布置应满足交通组织、行车安全及道路用地规划的要求。如图7-1所示。

a)

b)

图7-1　城市快速路实景
a) 地面整体式横断面；b) 路堑整体式横断面

一、地面整体式横断面

地面整体式横断面的主路与辅路以及两侧建筑地坪基本位于同一高程层次(图 7-2),是城市快速路最常用的横断面形式,适于地势平坦的平原城市中规划红线较宽、横向交叉道路间距较大的城市外围与高等级公路相连接的地段或新建城区用地较富余地段。地面整体式横断面为一般城市快速路首选断面,横断面布置组合中应考虑城市远期发展预留高架及快速轨道交通的位置,为此其中间带及两侧带的布置应结合上述要求综合考虑。

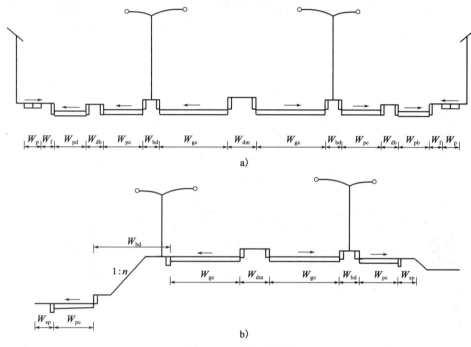

图 7-2 地面整体式横断面
a)平面型;b)立体型

道路断面一般采用多幅式横断面形式,即主路双向机动车之间设置中间带进行分隔,主、辅路之间设两侧带并采取交通隔离设施。城区快速路主路宜布置在中间,辅路宜布置在两侧(车辆单向驶)或布置在单侧(车辆双向行驶)。郊区快速路横断面主辅路可在同一平面,也可根据地形布置在不同平面,辅路可单侧或双侧布置。辅路上可行驶慢速机动车与非机动车。当辅路交通量较大并且用地有条件时,为确保行车安全,可以采取机、非分行的分隔措施,当交通量较少并且用地受限时也可采取路面划线方式分隔。

二、高架(隧道、路堑)整体式横断面

高架(隧道、路堑)整体式横断面的布置特点是:快速路交通流上、下行在同一高架(隧道、路堑)层面上(图 7-3)。这种形式能够很好地实现主、辅路交通流分离,减少快、慢速车流之间的相互干扰,行车比较安全,不足之处是整体型高架横向占地比较宽、桥下空间较暗,压抑感较重。当横向占地受到用地规划限制时,整体高架可能难以实现,这时可以考虑高架分离式横断面(或双层高架)。

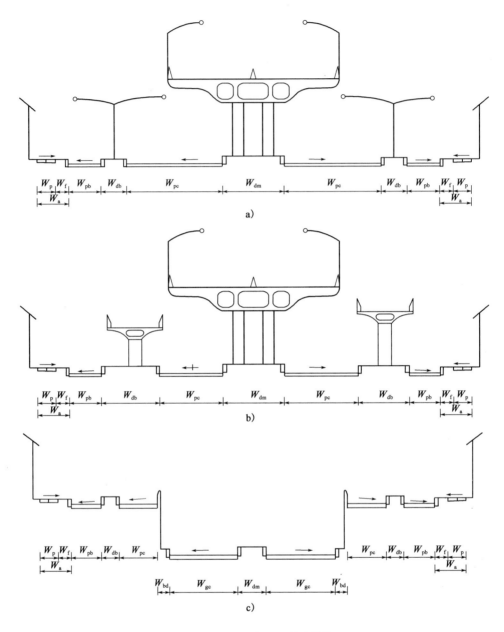

图 7-3 高架(隧道、路堑)整体式横断面
a)高架整体式(无匝道);b)高架整体式(有匝道);c)路堑整体式

三、高架分离式横断面

这种横断面形式的特点是将快速路交通流上、下行在层次上分离,以减少道路的横向用地(图7-4),其特点是桥下空间利用较好,节约土地。一般适用于特大城市或大城市建筑密集区、用地拆迁受限制、红线宽度较窄、交通流量又大的快速路。这种高架建筑高度高,对街区景观影响大,快速交通流的集散问题比较难处理,应该慎用。

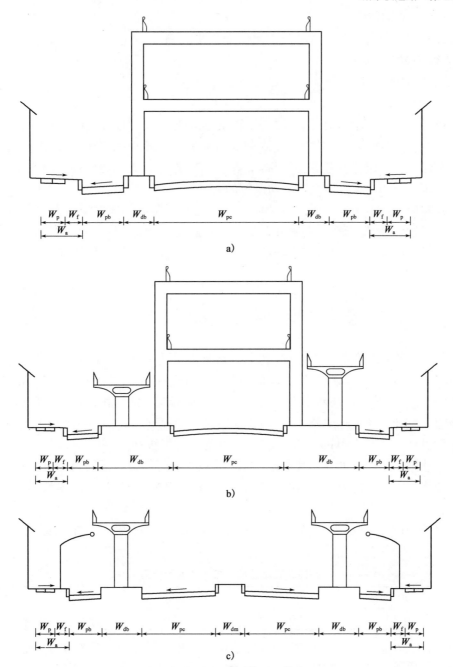

图 7-4 高架(隧道、路堑)分离式横断面
a)分离式高架道路有匝道路段;b)分离式高架道路无匝道路段;c)分离式高架道路

图 7-2～图 7-4 中各符号的含义如下：

W_{gc}-含路缘带的快速机动车道宽(m)；

W_{pc}-含路缘带的机动车道或机动车、非机动车混行的车道宽(m)；

W_{pb}-非机动车道路面宽(含路缘带宽度,m)；

W_{dm}-中间分隔带宽度(m)；

W_{db}-两侧分隔带宽度(m);
W_a-路侧带宽度(含人行道、设施带、绿化带宽度,m);
W_p-人行道宽度(m);
W_f-设施带宽度(m);
W_{sp}-保护性路肩宽度(m)。

城市快速路是否采用高架形式,应按城市交通发展需求、用地范围及地形条件、互通立交设置、与地面道路连接以及周围环境协调等因素的要求,经技术经济综合比较后确定,特别是环保及环境评价应着重考虑,因为高架路的噪声、废气污染问题已经日渐突出。匝道式断面应注意匝道结构与车行道之间侧向余宽的要求。

隧道式断面适用于山地丘陵区以及城市排水无问题路段。该类型断面,具有不破坏地表环境和景观的优势,适于平原大城市大型建筑群密集并对城市景观要求高的地段,或穿越江河、铁路站场等地段。但隧道工程难度大、投资巨大,也是需要和高架方案综合分析必选的主要因素。

第二节　通行能力和服务水平

快速路由主路和配套的辅路组成,其中主路是供机动车辆长距离、快速通行的道路,具有单向双车道或多车道、连续交通流、全部控制出入、通行能力大等特点;辅路是指集散主路车辆交通的道路,设置于主路两侧或一侧,单向或双向行驶交通。快速路系统同时还应设有配套的交通安全和管理设施系统。《城市快速路设计规程》(CJJ 129—2009)中规定,城市快速路的车辆设计速度有100km/h、80km/h 和60km/h 三个级别。

城市快速路通行能力可分为基本通行能力和设计通行能力。不同设计行车速度的设计通行能力应为基本通行能力乘以道路相应设计服务水平的交通量与道路容量的比率及道路条件修正系数。

快速路不同设计速度的一条车道基本通行能力和设计通行能力可采用如表7-1 所示的数值。

快速路基本路段一条车道通行能力　　　　表7-1

设计速度(km/h)	100	80	60
基本通行能力(pcu/h)	2200	2100	1800

匝道通行能力通常还受制于匝道入口(合流)或出口(分流)的通行能力,而出、入口的通行能力又与快速路最右侧车道通行能力和本方向的通行能力密切相关。

服务水平是衡量交通设施运行质量好坏的定性指标。规范将服务水平分成四级:一级服务水平时,交通处于自由流状态,交通密度小,车辆变换车道很容易,行驶速度也很容易达到道路设计速度;二级服务水平时,交通处于稳定流状态,交通密度适当,车辆变换车道较一级水平难,但还可以较自如地变换车道;三级服务水平时,交通处于稳定流下限,交通密度较大,变换车道困难,平均行车速度约为道路设计速度的65%;四级服务水平时,交通运行处于不稳定状态。快速路基本路段服务水平分级见表7-2。

快速路基本路段服务水平分级 表7-2

设计速度(km/h)	服务水平等级		密度[pcu/(km·ln)]	速度(km/h)	饱和度(V/C)	最大服务交通量[pcu/(h·ln)]
100	一级(自由流)		≤10	≥88	0.40	880
	二级(稳定流上段)		≤20	≥76	0.69	1520
	三级(稳定流)		≤32	≥62	0.91	2000
	四级	(饱和流)	≤42	≥53	≈1.00	2200
		(强制流)	>42	<53	>1.00	—
80	一级(自由流)		≤10	≥72	0.34	720
	二级(稳定流上段)		≤20	≥64	0.61	1280
	三级(稳定流)		≤32	≥55	0.83	1750
	四级	(饱和流)	≤50	≥40	≈1.00	2100
		(强制流)	>50	<40	>1.00	—
60	一级(自由流)		≤10	≥55	0.30	590
	二级(稳定流上段)		≤20	≥50	0.55	990
	三级(稳定流)		≤32	≥44	0.77	1400
	四级	(饱和流)	≤57	≥30	≈1.00	1800
		(强制流)	>57	<30	>1.00	—

城市道路是密集型的网状道路系统,与公路长距离交通特征不同,快速路出入口间距、立交匝道等因素使道路交织运行情况多,很少有较长的稳定流基本路段,故通常设计选用三级服务水平,相应一条车道设计通行能力见表7-3。

快速路一条车道设计通行能力 表7-3

设计速度(km/h)	100	80	60
设计通行能力(pcu/h)	2000	1800	1400

计算快速路基本路段通行能力时,各种车辆类型换算系数应符合表7-4的规定。

快速路基本路段车辆换算系数 表7-4

车型	小客车	小型客(货)车	大型客(货)车	铰接车辆
换算系数		1.0	1.5	2.0

第三节 横断面设计

一、一般规定

如前所述,城市快速路横断面可分为整体式和分离式。

地面整体式横断面,其组成包括快速机动车道、变速车道、集散车道、紧急停车带、中间带、两侧带、辅路(慢速机动车道、非机动车道)和人行道或路肩等部分。

高架(隧道或路堑)分离式组成包括高架(隧道)快速机动车道和地面辅路,其中快速机动车道由车行道、中间带、两侧防撞栏(墙)以及紧急停车带、变速车道、集散车道等组成,地面辅路由机动车道、中间带(桥墩)、两侧带、非机动车道及人行道或路肩等部分组成,快速路机动车道和辅路二者之间依靠上、下匝道相互联系。

城市快速路红线宽度应根据交通发展要求的通行能力、地形条件、城市其他设施布置的要求、城市远期发展等因素综合考虑,极限最小值为40m,城市中心区宜为50~60m,城市外围为50~100m,高架路上、下匝道、变速车道、集散车道等应另外预留宽度。在快速路红线与建筑红线之间应保留一定距离,有条件的城市,尤其是要求抗震设防城市,这一距离宜大于5~10m。高架路桥梁边缘与建筑物的距离应考虑两侧建筑物消防、维修以及高架路本身养护维修的需要,宜大于4.5m。

城市快速路车行道车道数一般应按交通发展预测的交通量与道路通行能力的关系来确定。高架路的宽度应满足按交通发展需要而确定的车道数,高架路的车道数以六车道为宜,至少应为四车道,并考虑增加紧急停车带。

二、车行道

1. 车行道宽度

车行道可分为主路车行道与辅路车行道。快速路车行道宽度可按设计车速及设计车型划分。车行道宽度应符合表7-5的规定。

一条机动车车道宽度　　　　　　　　表7-5

级别	设计速度(km/h)	车道宽度(m)	
		大型客、货车或混行车	小汽车
主路	100,80,60	3.75	3.50
辅路	40,30	3.50	3.50,3.25

主路车行道路面宽度为根据交通发展预测交通量与通行能力二者关系确定的车行道宽度以及路缘带宽度之和。根据表7-5的规定,主路一条车道宽度一般应采用3.75m,当城市中心区以小车为主时,可将车道宽设为3.50m;高架路按交通组成划分车道宽,即小汽车车道为3.50m,大、小汽车混行车道宽为3.75m,路缘带宽均为0.5m,两侧防撞墙宽0.5m。辅路由于车速低,大、小汽车混行,一条车道宽为3.50m,小汽车一条车道宽为3.50m或3.25m。

通常以行驶小车为主的四车道快速路,设2条3.5m小车道,2条3.75m混行车道,另外要考虑紧急停车带宽度;六车道快速路设2条3.5m小车道,4条3.75m混行道;八车道快速路可设4条3.5m小车道,4条3.75m混行道。

2. 集散车道

当快速路出入(上、下匝道)间距无法满足车辆交织以及加减速要求的规定时,应增设集散车道。集散车道计算行车速度应与主路出入口(或高架路上、下匝道口)的计算行车速度一致,与主路车行道之间应设分隔带或用标线隔离,集散车道一般为双车道7m宽。平地式断面一般不另设集散车道,以辅路代替。

集散车道的设计应符合下列规定:
(1)当出入口端部间距不能满足表7-10的要求时,应设置集散车道。

(2) 集散车道的设计车速宜与匝道或辅路设计车速一致,集散车道应通过变速车道与直行车道相接。

(3) 互通式立体交叉内的集散车道与直行车道应采用分隔设施或标线分隔。

3. 变速车道

变速车道包括加速车道和减速车道,设在快速路出、入口衔接路段,与辅路或匝道相接,其衔接形式可分直接式和平行式(图7-5)。变速车道宜为单车道,宽度与直行方向主路车道宽度相同或采用3.50m,自干道的路缘带外侧算起。变速车道的长度应满足设计车辆加、减速行程要求。

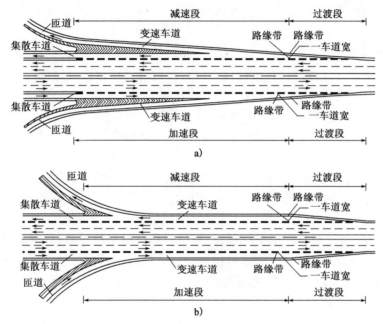

图7-5 变速车道平面
a)直接式;b)平行式

变速车道长度应为加速或减速车道长度与渐变段长度之和,长度与出入口渐变率应符合表7-6 的规定,坡道上变速车道长度的修正数应符合表7-7 的规定。

变速车道长度与出入口渐变率　　　　　表7-6

主线设计行车速度(km/h)			100	80	60
减速车道长度(m)		单车道	90	80	70
		双车道	130	110	90
加速车道长度(m)		单车道	180	160	120
		双车道	260	220	160
渐变段长度(m)		单车道	60	50	45
渐变率	出口	单车道	1/25	1/20	1/13
	入口	双车道	1/40	1/30	1/20

坡道上变速车道长度的修正系数　　　　　　　　　　　　表 7-7

主线的平均坡度 $i(\%)$	$0<i\leqslant2$	$2<i\leqslant3$	$3<i\leqslant4$	$4<i\leqslant6$
下坡减速车道修正系数	1.00	1.10	1.20	1.30
上坡减速车道修正系数	1.00	1.20	1.30	1.40

4. 紧急停车带

为保证快速路通行能力及行车安全,四车道的快速路应设 2.5m 宽的连续或不连续的紧急停车带。不连续紧急停车带每 500m 设一处。高架式快速路一般采用连续紧急停车带,地面整体式快速路则可利用缩窄分隔主、辅路两侧带的方式灵活设置紧急停车带。

5. 辅路

辅路是集散快速路交通的边路,设置于快速路两侧或一侧,单向或双向行驶交通。辅路设置根据需要分为两个互通式立交间不连续的辅路或通过立交的连续辅路。辅路同时承担沿线非机动车与行人交通,设计速度小于或等于 40km/h。

地面整体式快速路的辅路设在主路两侧带外侧,高架式则设在高架路下地面层。辅路在市中心区应连续设置,市郊则视交通流量、两侧城市化程度以及用地、投资等条件,可连续设置,也可间断设置。

地面整体式快速路的辅路一般宜采用单向交通,出入口交通采取右进右出的交通组织,特殊情况下才允许采用双向交通。在其横断面上,机动车与非机动车道之间用分隔带或路面画线分隔,具体尺寸应根据用地条件、交通量大小等因素综合确定。当仅供单向机动车、非机动车通行时,辅路宽不小于 8.5m;当机、非交通量均较大时,辅路宽可采用 12~13m;分离式隧道断面同地平式;高架路下辅路可按交通量大小并参照城市道路设计规范确定各部分宽度。地面与高架(隧道)主路交通通过指定的上、下匝道,和主路的加减速车道相互联系。

若前一个互通式立体交叉的加速车道末端至下一个互通式立体交叉的减速车道起点的距离小于 500m 时,必须设辅助车道将两者连接。

6. 车道数连续与平衡原则

在快速路分、合流处,为保证交通不因车道数量增减而产生较大紊乱,一般通过增设适当长度的辅助车道解决该问题,基本车道数的连续与平衡应符合下列规定:

(1)在主线全长或较长路段内必须保持一定的车道数(即基本车道数)。

(2)相邻两段同一方向上的基本车道数每次增减不得多于一条,变化点应距互通式立体交叉 0.5~1.0km,并设渐变率不大于 1/50 的过渡段。

(3)在分合流处车道数应按式(7-1)进行计算,以检验车道数的平衡(图 7-6),当不平衡时,应增设辅助车道。

$$N_C \geqslant N_F + N_E - 1 \qquad (7-1)$$

式中:N_C——分流前或合流后的主线车道数;

N_F——分流后或合流前的主线车道数;

N_E——匝道车道数。

辅助车道长度在分流端应大于 1000m,最小应为 600m;在合流端应大于 600m。辅助车道的宽度应与主线车道的宽度相同。

在主路出口后、入口前，辅路上应设置独立的车道，长度应满足变道的有效转换。主辅路间主入口分合流端的设计应保证划线后能有效地引导交通，避免误出或误入。

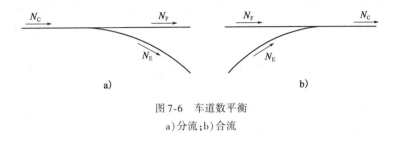

图7-6 车道数平衡
a)分流；b)合流

三、分车带

分车带按其在道路横断面上的位置分为中间带和两侧带。

1. 中间带

快速路的上、下行快速机动车道之间必须设中间带分隔，中间带应由中央分隔带及两侧路缘带组成。

为保证快速路机动车的速度及行车安全，中间带宜大于3.0m，即中央分隔带大于2.0m，两侧路缘带各为0.5m。位于市郊的快速路，用地条件允许或交通发展需要，远期需拓宽车道或作为轻轨交通备用地时中间带可按8~10m设置。位于市中心区的快速路在用地条件受限时，中间带可适当缩窄，但对向车流必须以分隔墩(0.5m)或隔离栅(0.2m)加以分隔，其最小宽度1.2~1.5m，即0.2~0.5m中央分隔墩(或隔离栅)，两侧各设0.5m路缘带。

高架路下中间带主要根据高架路桥墩布设而定，当其高架路上为四车道时，最小为6m，即中央分隔带(桥墩)为5m，两侧各为0.5m侧向余宽；当高架路为六车道时，以7m为最小值，即中央分隔带(桥墩)为6m，两侧各为0.5m侧向余宽。

当快速路为高架路段或立交桥段，为节约工程投资，中间带可适当减窄。

快速路上中央分隔带一般每1km设断口一道，设置活动分隔设施，作为紧急出入口。位于市中心区的高架路每0.5km设一断口；按规划设计，封闭的原平交路口，不得另设断口；立交段匝道出入口的中央分隔带也不得设置断口。

2. 两侧带

两侧带是主路与辅路的分界线，它由分隔带与左、右路缘带组成。分隔带宽度不小于1.5m，可根据用地条件增加宽度以作为绿化隔离设施，临主路一侧路缘带为0.5m，临辅路一侧为0.25m，即两侧带的最小宽度为2.25m。

两侧带的断口根据交通组织需要确定，在市中心区，为方便两侧交通，以不大于500m为限，市郊区应加大到800~1000m。断口长度及形式根据主路加减速车道车辆交织要求设置。

两侧带与市区人流集中处，应在辅路侧设隔离栅，减少人流对主路机动车的干扰。公交车站应设在辅路上，可利用两侧分隔带设置停靠站。但在主路一侧应加隔离栅，以确保行人安全。

四、路肩

郊区型地面快速路断面,在不设辅路的情况下,机动车道路面边缘宜设硬路肩与土路肩。硬路肩宽度不小于2.50m,土路肩宽度不小于0.75m。路肩与路面的衔接方式与高速公路相同。

第四节 出入口设计

快速路出入口在位置、间距及端部的几何设计上,应保证不让主线的直行交通受到过大的干扰,并能稳定、安全、迅速地实现分、合流交通。

根据城市快速路的性质,其出入口分为两类:一类是与立交匝道相接的出入口(A型),另一类是与辅路相接的出入口(B型),如图7-7所示。A型出入口有独立匝道连接,行驶较为顺畅。B类出入口(主、辅路出入口)可能存在交织以及与旁边车道车辆干扰情况,在主路上须设置变速车道,辅路上宜增设一条车道,从而保证快速路出入口的畅通。

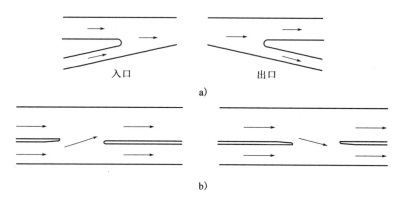

图7-7 出入口类型
a)A型出入口;b)B型出入口

一、出入口位置

一般情况下,出入口应设在主线行车道的右侧。出入口位置应明显、易于识别,因此在设置快速路出入口时应注意如下几点:

(1)出入口附近的平曲线、竖曲线必须采用尽可能大的半径。

(2)一般情况下,将出口设置在跨线桥等构造物之前;当设置在跨线桥后时,距跨线桥的距离应大于150m。

(3)快速路入口应设在主线的下坡路段,以便于重型车辆利用下坡加速,并使汇流车辆汇入主线之前保持充分的视距,以利合流,如图7-8所示视距三角形。

为防止汇入车辆并入主线时与主线车辆发生碰撞,以汇入点分别沿主线和匝道向后量取不同行驶速度下的停车视距(主线不小于100m,匝道不小于60m),此阴影区域为视距三角形,三角形内要保证视线通透,不能有障碍物遮挡。

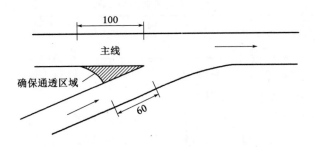

图7-8 入口处的通透区域(尺寸单位:m)

(4)主线与匝道的分流处,须给误行车辆提供返回余地,车行道边缘应加宽一定偏置值,并用圆弧连接主线和匝道路面边缘,如图7-9所示。偏置值和楔形端部鼻端半径规定如表7-8所示。

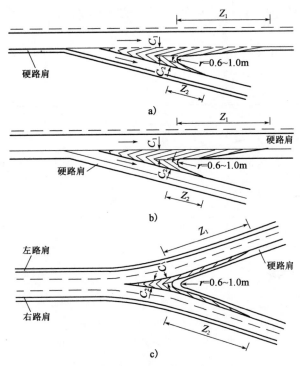

图7-9 分流点处楔形布置
a)驶出匝道出口硬路肩较窄时;b)驶出匝道出口硬路肩较宽时;c)主线分流时

分流点处偏置值与端部半径(m) 表7-8

分流方式	主线偏置值 C_1	匝道偏置值 C_2	鼻端半径 r
驶离主线	≥3.0	0.6~1.0	0.6~1.0
主线相互分岔	1.80		0.6~1.0

楔形端端部后的过渡长度 Z_1、Z_2 应根据表7-9的渐变率计算。

分流点处楔形端的渐变率 表7-9

计算行车速度(km/h)	120	100	80	60	≤40
渐变率	1/12	1/11	1/10	1/8	1/7

当主线硬路肩宽度能满足停车宽度要求时,偏置宽度可采用硬路肩宽度。渐变段部分硬路肩应铺成与行车道路面相同的结构。

(5) B 型出入口应用缘石等与其他道路明显地区别开来,以便能明显确认其存在位置。出入口形式应明确,其几何设计应能防止辅路车辆通过出口进入主路,或主路的车通过入口进入辅路。

二、出入口间距

对于一条快速路而言,倘若出入口设置得过于频繁,肯定会影响主线交通流的通畅性。因此,出入口间距的考虑,应能保证主线交通不过于受分、合流交通的干扰,同时还应为分、合流交通的加、减速及转换车道提供安全、可靠的道路几何条件,以最大限度地发挥快速路的功能。

出入口间距是指两出入口端部之间的距离。出入口最小间距组成类型有以下四类:出—出、出—入、入—入、入—出,如图7-10 所示。

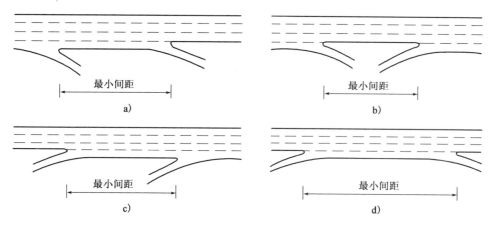

图 7-10 出入口最小间距
a) 出—出; b) 出—入; c) 入—入; d) 入—出

出入口间距由变速车道长度、交织距离(入—出类型存在交织问题)及安全距离组成。经研究及计算分析,主线上出入口的最小间距应满足如表7-10所示值。

出入口最小间距(m) 表7-10

项 目		匝 道 组 合			
		出—出	出—入	入—入	入—出
主线计算行车速度(km/h)	100	760	260	760	1270
	80	610	210	610	1020
	60	460	160	460	760

三、快速路出入口交通拥堵原因分析

高架道路(隧道)与辅路连接一般通过匝道出入口进出交通。通常情况下,主线交通流保持贯通的时候,拥堵常常发生在快速路进出口,而这些进出口位置及设计不合理则会引发快速路主线的拥堵,也可能引起地面道路的连环拥堵,这些情况并不罕见。

快速路由基本路段、交织区及匝道进出连接线三种不同交通性质与类型的路段组成。基本路段是指不受驶入驶出以及交织流的影响的路段。交织区是指一条或多条车流在出入口附近变换车道导致车流扰动的路段。匝道进出连接点是指驶入驶出匝道与高架(隧道)连接点,由于汇集了合流与分流车流,因而形成的连接区域是一个交通流紊乱区域。

1. 几种拥堵表象

(1)主线交通量基本饱和,驶入匝道的车辆很难汇入主线而导致排队,该排队波向后传递,导致辅路交通拥堵。

(2)主线交通量虽未饱和,驶出车辆进入匝道后受到地面交叉口通行能力影响无法消解,导致匝道排队波向后传递,直至影响主线出入口交通混乱拥堵。

(3)匝道进出口设计不合理,交织区过短,导致进出车辆相互干扰,在出入口附近大量集结,产生拥堵。

第一种拥堵,由于驶入匝道起坡点与交叉口距离过近,导致车辆没有排队候驶空间。此外,匝道缺乏智能化的进入控制也是一个因素。第二种拥堵,由于驶出匝道口距离交叉口过近,且缺乏渠化和交通管制而形成,也可能由于缺乏感应信号控制导致排队过长。第三种情况,主要是匝道交织处理不当而造成的。

2. 上、下匝道坡脚距交叉口停车线的距离

匝道的起坡点(上匝道)与终坡点(下匝道)在地面道路的位置对交叉口的交通影响较大,匝道进出高架道路的车流均需通过地面道路交叉口来集散,因此,匝道坡脚至交叉口停车线应在同一路口交通信号、标志标线管控之下。同时应注意平交口车道协调设计(如第六章的图6-12所示)。

上、下匝道坡脚距交叉口停车线的最小距离见表7-11。

上、下匝道坡脚距交叉口停车线的最小距离　　　　表7-11

匝道	下匝道	上匝道	匝道	下匝道	上匝道
一般最小距离(m)	140	50	极限最小距离(m)	100	30

【本章小结】

本章从规划布局角度介绍了快速路的规划设计要求,由于不涉及线形计算与设计(该内容见前修课程《道路勘测与设计》),概要介绍了快速路的三种横断面布置形式及其适用条件、快速路通行能力和服务水平的计算方法,重点强调了横断面和各组成部分的设计要点以及快速路出入口的设计方法。

【思考题】

1. 快速路主线采用高架或隧道形式各有何优缺点？
2. 快速路主路和辅路线形指标有哪些不同？为何有这些差异？
3. 快速路出入口设置不当会造成哪些交通问题？
4. 快速路出入口之间为何要保证一定距离？
5. 快速路拥堵的常见位置有哪些？造成这些类型的拥堵的原因是什么？

第八章 城市道路立体交叉

导读:道路立体交叉是指利用桥、隧、涵等跨越构造物,使相交道路的交通流在不同高程层面实现连续、无冲突(或少冲突点)相互交错的道路连接方式,以下简称立交。城市道路立交内容庞大,线形复杂,其设计要求也较多,对本科生而言亦有一定难度。限于全书篇幅限制和内容一致性要求,本章主要介绍立交的选型布局和匝道设计要求,希望对读者起到抛砖引玉的作用。

第一节 城市道路立体交叉基本概念

一、立交基本概念

1. 立交定义

城市主干道、次干道与快速路或高速公路相交,其主线车流分层通过的交通转换节点。

2. 立交的构成

一般立交主要由主线、匝道、出入口、变速车道四部分组成。主线指相交道路的直行车道,是组成立交的主体;匝道指供上下相交道路转弯车辆行驶的连接道路;出入口是主线进出匝道的道口;变速车道是为合流、分流车辆提供加、减速行驶的匝道的部分。如图 8-1 所示。

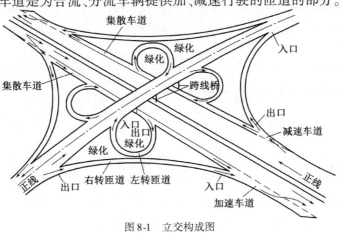

图 8-1 立交构成图

3. 城市立交与公路立交的差异

城市立交与公路立交虽然在理论依据方面基本相同,但是两者某些技术标准及形式等方面又存在许多的差异。

城市内的立交通常占地受限,空间资源紧张,因此立交大多依靠层数增加、高度增加来在空间上争取资源;而公路立交用地受限较小,占地面积较大。

公路立交一般为收费立交,不考虑行人及非机动车交通,立交形式较少,以两层为主,形式简单;城市立交一般不收费,但考虑行人及非机动车交通以及排水和地下管线约束等,立交形式较多,较复杂。

公路互通立交一般间距较大,相互之间干扰较少,相邻互通式立交间距不应小于4km;城市道路当有连续多个路口时,一般立交间距在1.5km以上。

如图8-2所示为重庆陈家坪立交,三层全互通式,于2005年建成,有13条匝道,线形组合较为复杂,设置1座围绕式行人天桥,2座跨越式行人天桥。

图8-2 重庆陈家坪立交

4. 城市立交规划布局原则

(1)每个立交规划布局应考虑其在路网中的功能并与周边路网布局协调一致。

(2)快速路主线基本车道数应在立体交叉系统中保持一致;当主线基本车道数减少时,应进行通行能力分析。

(3)主线上设置多个立体交叉的匝道入口形式应统一,一般情况下出入口应布设在主线右侧(匝道设计可不受此限制)。出口应尽量布设在立体交叉跨线桥上游,便于驾驶员提早识别。

(4)相邻互通立体交叉点间的间距,应该大于上下游匝道出入口间变速车道与交织段长度之和及满足设置必要交通标志的要求,且不宜小于1.5km。

二、立体交叉的一般分类

1. 按结构物形式分类

立体交叉,根据主要道路跨线形式可分为上跨式立交和下穿式立交两类。

(1)上跨式立交:主要道路用跨线桥从相交道路上方跨过的交叉方式。这种立交引道较长,下挖工程量小,施工方便,造价低,排水容易处理,其缺点是对高架桥有不利影响。

(2)下穿式立交：主要道路以路堑或隧道形式从相交道路下方穿过的交叉方式。这种立交主线低于地面，占地较少，构造物对视线和周围景观影响较小，缺点是主线占地较大，用地条件往往难以满足。

2. 按交通互通性分类

立体交叉，按交通功能可分为分离式立交、完全互通式立交及部分互通式立交三类。

(1)分离式立交：仅设一座跨线构造物，使相交道路空间分离，上、下道路无匝道连接的交叉方式。一般适用于主要道路与铁路、主要道路与次要道路之间的交叉。

(2)完全互通式立交：交叉各个方向均有匝道连接，在立交上无直接交通冲突点，但可能存在交织区域。

(3)部分互通式立交：除了个别交通流向不具有专用匝道或保留平交口以外，其余方向大部分流向有专用匝道。这种立交部分消除了冲突点，主要行车方向干扰较小，造价较低。

第二节　立交规划与形式选择

一、立交分级

城市道路立交等级的选择，是根据相交道路等级、直行及转向（主要是左转）、车流行驶特征、非机动车对机动车干扰等。城市道路立交类型选择，应根据交叉节点在城市道路网中的地位、作用、相交道路等级，并应结合城市性质、规模、交通需求及立交节点所在区域用地条件按表8-1选定，各类型立交特征见表8-2。

立体交叉分级　　　　　表8-1

立体交叉类型	选型	
	推荐形式	可用形式
快速路—高速公路	立A_1类	—
快速路—快速路（一级公路）	立A_1类	—
快速路—主干路	立B类	立A_2类，立C类
快速路—次干路	立C类	立B类
快速路—支路	—	立C类
主干路—高速公路	立B类	立A_2类，立C类
主干路—主干路	—	立B类
主干路—次干路	—	立B类
次干路—高速公路	—	立C类
支路—高速公路	—	立C类

注：主干路与高速公路相交，经分析论证，可选立A_1。

各类型立交的特征 表 8-2

立交类型	主要形式	主线直行交通	转向交通	适用范围
立 A_1 类	主要为全定向或定向组合式全互通立交	不受干扰	经匝道或集散车道行驶	城市郊区
立 A_2 类	主要为喇叭形、苜蓿叶形、半定向、定向—半定向组合的全互通立交	不受干扰	一般经定向匝道或集散、变速车道形式,部分左转车减速行驶	郊区与中心区中间区域
立 B 类	主要为子叶形、苜蓿叶形、环形、菱形、迂回式、组合式全互通或半互通立交	主线不受干扰,次要主线受转向车流交织干扰或受平面交叉口左转车冲突影响	减速交织行驶,或受平面交叉口影响减速交织行驶	城市中心区域
立 C 类	分离式立交	不受干扰	—	道路等级、性质或交通量相差悬殊的交叉口

二、立交形式选择因素

立交形式选择的目的,是为了提供适应设计交通量和设计速度、工程造价合理、并与环境相协调的立交形式。立交形式选择得是否合理,不仅影响立交本身的功能,如通行能力、行车安全和工程经济等,而且与地区整体规划、地方交通能力的发挥以及市容环境等方面都有密切的关系。

影响立交形式选择的因素很多,归纳起来可概括为道路交通、建筑环境及自然条件几个方面。但通常情况下,对立交选型影响最大的因素是交通条件和地形及用地条件。

该立交是与地形充分结合的代表案例,主线一端与隧道连接,另一端为跨江高架桥梁,同时与沿江公路连通。为了解决菜园坝大桥与海铜路之间 30m 的高差,采用螺旋形展线方式衔接,最终形成 72m 高、全国城市最高的匝道桥——苏家坝立交桥(图 8-3)。

图 8-4 为重庆市菜园坝立交,该立交主线为双层结构,设置了专门的轻轨桥梁,在立交范围内不仅包含停车场,也有大型建筑,因此立交选型受到这些条件的约束。

图 8-3 重庆市苏家坝立交鸟瞰图(图片来源于网络)

图 8-4 重庆市菜园坝立交鸟瞰图(图片来源于网络)

⇒第三节 立交基本型功能与选型分析

立交形式多样且各具特色,其多样造型适用于各类条件。同样等级的三路或四路立交,因交通分布、地形、相交道路性质的差异,可能采取的形式也会多种多样。这是由于不同的形式导致立交可实现的功能或适应的交通情况不同。要理解立交的设计,首先应理解立交形式与功能的差异。

一、全互通式立交(无交织)

完全互通无交织的立交,车辆在立交上行驶快捷,各个方向有独立的匝道,车辆变换车道不需要与其他车道车辆交织运行,立交通行能力较大。这类立交又可分为定向式、半定向式及间接式三种类型。

1. 定向式立交

定向式立交(图8-5、图8-6)是用明确的转向匝道来实现车辆转弯的完全互通式立交。尤其须注意该立交左转车辆类似于平面交叉中的左转,从车流行驶方向的左侧进入匝道,再从车流左侧汇入直行和右转车流中。该类立交等级高,适用于快速路交汇且疏通要求高的情况。

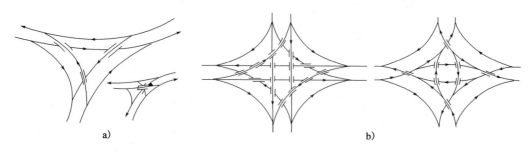

图8-5 定向式立交
a)三路定向式立交;b)四路定向式立交

图8-6 定向式立交

优点:对转弯车辆能提供直接无阻的定向运行,行车速度高,通行能力大。转弯行驶路径短捷,运行流畅。

缺点:主线双向行驶车流必须横向拉开一定的间距,以满足匝道纵断面以及跨线布设要求。占地面积较大,桥梁长度较长,造价较高。因大部分立交出口设置在左侧,该立交若设计不当,可能导致驾驶员错行。

2. 半定向式立交

为减少定向式立交可能误行的不利情况,半定向式立交采用了迂回形式的左转匝道,通过右出右进、或右出左进等方式汇入主线。半定向式立交继承了定向匝道通行能力大的特点,各个方向运行流畅,不会发生误行。包括三路半定向立交、四路半定向立交、有涡轮式立交、星形立交以及其他变化形式,如图8-7所示。

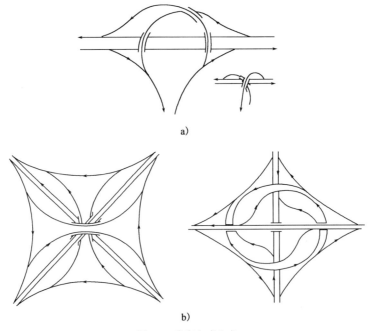

图8-7 半定向式立交
a)三路半定向式立交;b)四路半定向式立交

3. 间接式(叶片形)立交

间接式立交是指左转匝道通过环形匝道迂回270°度转向后完成左转。叶片式立交也是全互通半定向式立交的一种,利用两个或多个环形左转匝道实现了各个方向全互通,立交上各个位置不存在冲突点,如图8-8所示。其中三路立交称之为子叶式立交[图8-8a)],四路立交称为全苜蓿叶形立交[图8-8b)],该类立交只需一座构造物,造价较低,但图中立交存在桥下进出车辆的交织问题。如图8-8a)所示,AB之间道路最外侧车道由于两个环圈匝道进出口设置,存在车辆交织,从而导致通行能力有所降低。

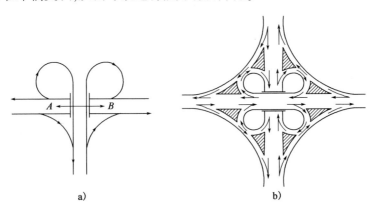

图8-8 叶片式立交
a)子叶式立交;b)全苜蓿叶形立交

单喇叭形立交[图 8-9a)]是一类结构较为简单的立交,它用一个环圈匝道和一个半定向匝道来实现车辆的左转弯,在公路交叉上应用广泛,适用于 T 形交叉或收费公路的十字交叉。双喇叭互通式立体交叉[图 8-9b)]适用于匝道上设有收费站的一般互通式立体交叉。

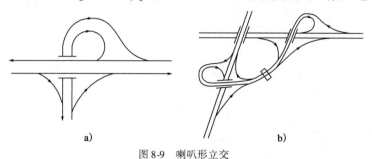

图 8-9 喇叭形立交
a)单喇叭形立交;b)双喇叭形立交

优点:实现了全方向互通互联;只需建一个跨线构造物,投资较省;没有冲突点和交织点,通行能力较大,行车安全;结构简单,造型美观,行车方向容易辨认。

缺点:环圈匝道上行车速度低,且可能存在长直线尽头设小半径平曲线的情况,线形组合不利;左转匝道绕行距离较长。

如图 8-10a)、b)所示分别为 A 型和 B 型喇叭形立交,两者外形几乎一样,但由于环圈匝道针对的服务流向不同,导致该立交适合于两种截然不同的交通组成。A 型适应主要交通量由东向南的左转交通量较大的情况,而由南—西转向交通量较小;B 型适应南—西左转交通量较大的情况。

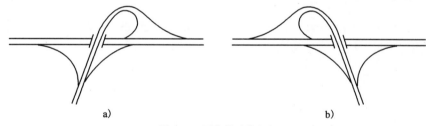

图 8-10 两种喇叭形立交
a)A 型;b)B 型

二、部分互通式立交

部分互通式立交是指相交道路的车流轨迹线之间至少有一个平面冲突点的交叉,代表形式有菱形立交和部分苜蓿叶形立交等。部分互通式立交保证了主线快速和畅通,次要转向交通量很小时,依然采用平交形式。

1. 菱形立交

这种形式立交能保证主线直行车辆快速通畅;转弯车辆绕行距离较短;主线上具有高标准的单一进出口,交通标志简单;主线下穿时匝道坡度便于驶出车辆减速和驶入车辆加速;仅需建一座桥,节省用地与工程费用。如图 8-11 所示。但次线(图中上跨线)与匝道连

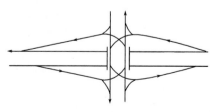

图 8-11 菱形立交

接处为平面交叉,影响了通行能力和行车安全,因此需在次线上进行交通渠化或信号管控。

2. 部分苜蓿叶形立交

部分苜蓿叶形立交是相对于全苜蓿叶式立交而言,在部分左转弯方向不设环圈式匝道,而在次要道路上以平面交叉的方式实现左转弯运行的立体交叉,如图8-12所示。实际中可根据转弯交通量的大小或场地的限制,采用图示任一种形式或其他变形形式。

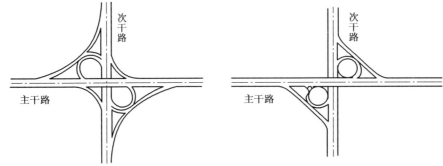

图8-12 部分苜蓿叶形立交

布设时应使转弯车辆的出入尽可能少妨碍主线的交通,最好使每一转弯运行均为右转弯进入,不得已时应优先考虑右转出口。另外,平面交叉口应布置在次线上。

部分苜蓿叶形立交的左转匝道设置非常灵活,可以适应多种用地条件限制的情况,且远期可以改扩建为全苜蓿叶形式。

三、交织型立交

交织型立交主要利用环道或共用匝道使转向交通通过变换车道交织运行,将交通冲突点转化为交织点,而主线交通不参与交织,以高架或隧道穿越立交区域。可分为三路环形立交、四路环形立交及迂回式立交等形式。如图8-13所示。

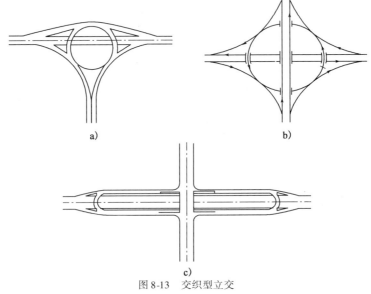

图8-13 交织型立交

a) 三路环形立交;b) 四路环形立交;c) 迂回式立交

优点:转弯行驶方向明确,交通组织简单,不需要信号控制;保证主线快速通畅;结构紧凑,占地较少。

缺点:存在交织运行,影响左转通行能力,且左转绕行距离较长。

第四节 立体交叉的主要部分设计

立交设计包含主线、匝道、出入口、加减速车道等设计。其中主线设计与快速路设计一致,在此不再赘述。在进行各项设计之前有必要理解立交中车辆进出分流合流的基本特征与设计需求。

一、立交车流轨迹的交错形式

1. 交错形式

一座立交上车流因为车辆驶入驶出而引起行驶轨迹出现合流分流等情况,一般说来,分为分流、合流、交织、交叉四种交错形式,如图8-14所示。各交错类型的特点如表8-3所示。

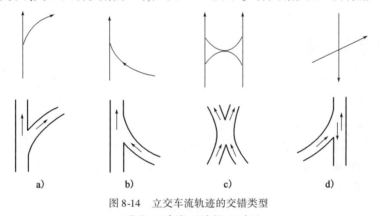

图 8-14 立交车流轨迹的交错类型
a)分流;b)合流;c)交织;d)交叉

立交车流轨迹的交错类型特点　　　　表 8-3

交错类型	安全性	可能发生的交通事故	道路设计不良表现
分流	高	追尾、端部碰撞	标志不明或诱导设计不佳,导致误行
合流	较高	追尾,挤撞,抢道	视距不良,加速空间不够,车辆低速融入主流交通,发生碰撞危险
交织	较低	剐蹭,追尾,抢道挤撞	交织段过短,交织车道数量过少
交叉	低	正面或侧面碰撞	无渠化,视距不良,无交通信号标志

2. 交错点组合

以上交错点组合起来,则可形成连续分流、连续合流、分合流、合分流四种模式,而根据合流分流的顺序不同,又可以组合成多种立交匝道的组成模式,这些模式交通组织与交通运行特征有明显差异。如图8-15所示,表明了这些组合在实际立交设计中的运用。

(1)连续分流:若两个出口间距很近且标志提示设计不当,容易导致驾驶员无法在短时间内判断应从哪个出口驶出,从而造成误行。

（2）连续合流：一般问题较少，但若进口过近，车辆急于汇入主线，则可能导致主线交通流混乱。

（3）合分流：先合流再分流的设计，必然出现进出主线车辆的交织。

（4）分合流：先分流再合流，这种情况比较理想，利于出入口交通量的平衡稳定。

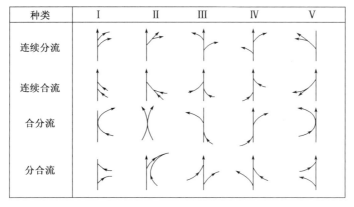

图 8-15　分、合流组合形式

二、匝道分类与特性

匝道是互通式立交必不可少的组成部分。匝道设计得合理与否，直接关系到立交枢纽的功能、营运及安全等，因此，匝道的合理布置及使用合适的线形非常重要。

1. 匝道的组成

对于一条匝道来说，无论是左转匝道还是右转匝道，一般可将匝道划分为三部分，即驶出道口部分、中间匝道路段部分及驶入道口部分，如图 8-16 所示。其中，驶出道口和驶入道口又称为匝道的端部。

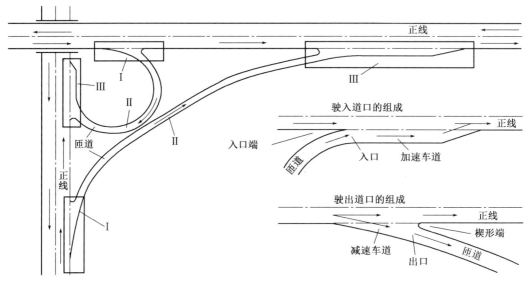

图 8-16　匝道的组成

Ⅰ-驶出道口；Ⅱ-中间匝道路段；Ⅲ-驶入道口

（1）驶出道口：驶出道口是由减速车道、出口及楔形端三部分组成。减速车道和楔形端的组成与设计详见匝道的端部设计。

（2）中间匝道路段：中间匝道路段为匝道的主体，可能为土方填筑路堤、路堑或高架桥形式，应视具体情况而定。

（3）驶入道口：驶入道口是由入口端、入口及加速车道三部分组成。

2. 匝道的基本形式

按匝道的功能及其与相交道路的关系，可将匝道分为右转匝道和左转匝道两大类。

（1）右转匝道：车辆从主线右侧驶出后直接右转约90°到另一主线的右侧驶入，一般不设跨线构造物，如图8-17所示。根据立体交叉的形式和用地限制条件，右转匝道可以布设为单（或复）曲线、反向曲线、平行线或斜线四种形式。右转匝道属右出右进的直接式匝道，其特点是形式简单，直接顺当，行车安全。

（2）左转匝道：车辆须转90°~270°到达左转预定车道，除环圈式左转匝道外，匝道上至少需要一座跨线构造物。按匝道与主线的关系，左转匝道有完全定向式、半定向式及间接式三种类型。

①完全定向式（又称左出左进式）：如图8-18所示，左转弯车辆直接从主线行车道左侧驶出，左转约90°，到另一主线行车道的左侧驶入。直接式左转匝道的优点是没有反向迂回运行，自然顺畅；适应车速高，通行能力较大。其缺点是跨线构造物较多，造价较高；主线双向行车道之间须有足够间距来设置匝道以及桥墩等构筑物；对重型车和慢速车左侧高速驶出困难，左侧高速驶入困难且不安全。需要指出的是，左转匝道不一定很短，因为其要克服的高差很大，匝道桥梁构造物较长。

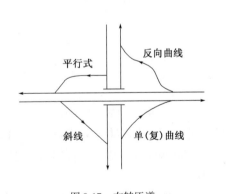

图8-17 右转匝道

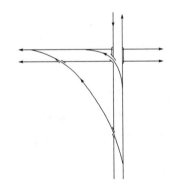

图8-18 左出左进式

②半定向式：按车辆由主线驶入匝道的进出方式可分为三种基本形式：

a. 左出右进式（图8-19）和右出左进式（图8-20）：左转车辆分别从主线行车道左侧（或右侧）直接驶出，到另一主线时由行车道右侧（或左侧）驶入。与定向式匝道相比，部分改进了前述左出和左进的缺点，但匝道略绕行，且构筑物工程量大。

b. 右出右进式：如图8-21所示，左转车辆从由主线行车道右侧右转弯驶出和驶入，在匝道上左转改变方向。完全消除了左出、左进的缺点，行车安全，但匝道绕行最长，构造物工程量较前者较小。

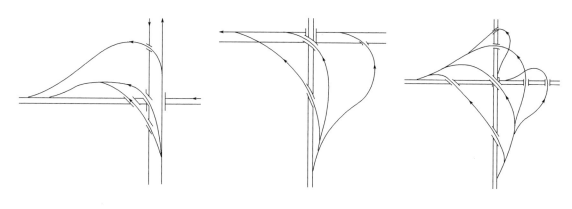

| 图 8-19 左出右进式 | 图 8-20 右出左进式 | 图 8-21 右出右进式 |

③环圈式(又称间接式)：如图 8-22 所示，左转弯车辆驶过跨线构造物后向右回转约 270°达到左转的目的。环圈式左转匝道的特点是右出右进，行车安全，跨线构造物工程量小，造价低。但匝道线形指标差，适应车速低，通行能力较小，左转绕行距离长。

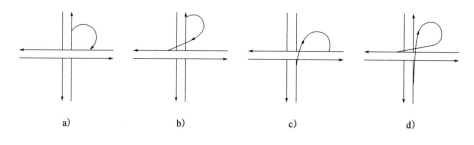

a)　　　　b)　　　　c)　　　　d)

图 8-22　环圈式左转匝道

3. 匝道的设置特性

上述多种匝道中，右转匝道形式接近，几乎都采用右出右进的形式，其线形的细微变化在具体方案中根据场地条件而定。左转匝道的基本变化形式多种多样，形成许多不同类型的立交方案。左转匝道有一些独特的性质，在设计时要善于利用：

（1）任何一个方向的左转车辆，均可在所有的象限内完成左转运行。如图 8-23 所示，若 A 方向来车拟左转到 B 方向时，可在四个象限内布置左转匝道。

（2）所有行驶方向的左转车辆，均可在部分象限内完成左转弯运行。如图 8-24 所示，图 a)为一个象限内集中布置，图 b)、图 c)分别只在两个象限和三个象限内布置。

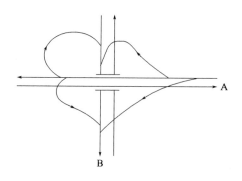

图 8-23　一个方向左转匝道布置

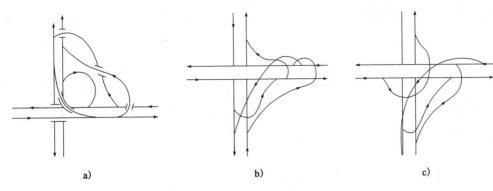

图 8-24 部分象限所有左转匝道布置

第五节 匝道设计

一、匝道的设计依据

1. 设计速度

立体交叉主线应采用相应道路等级的设计速度。立交匝道设计速度宜为相应道路设计速度的 50%~70%,定向、半定向匝道取上限,一般匝道取下限。环形立交的设计速度可采用环形平面交叉设计速度。

选用匝道设计速度时应注意以下几点：

(1) 满足最佳车速要求：匝道采用较主线低的车速不一定意味着会降低立交的通行能力,所以,为确保行车安全和通行能力要求,并考虑占地及行驶条件,匝道设计速度宜接近最大通行能力时的车速,即最佳车速。

(2) 按匝道的不同形式选用：同一座立交各条匝道的设计速度原则上应根据匝道的形式以及主线车速选用。

(3) 适应出、入口行驶状态需要：驶出匝道分流端的设计速度不能小于主线设计速度的50%~60%;驶入匝道与加速车道连接处的设计速度应保证车辆驶至加速车道末端的速度能达到主线的 70%;接近收费站或次要道路的匝道末端,设计速度可酌情降低。

2. 设计交通量

匝道设计交通量是确定匝道类型、设计速度、车道数、几何形状、平交或立交及是否分期修建等基本依据。设计交通量主要根据相交道路基本交通量,结合交通资料推算出远景年交叉口的各个转向交通量。

3. 通行能力

匝道的通行能力是指在具体匝道和主线道路条件下,对匝道以及主线通行能力联合分析后,确定匝道能承担的通行能力。包括匝道路段的通行能力与匝道出入口的交织路段通行能力,以及主线在出入口处的通行能力,是立交匝道详细设计的重要依据。该部分内容由于涉及情况较为复杂,不便于展开介绍,请参考有关道路通行能力计算的书籍。

二、匝道的几何设计

1. 匝道的平面线形设计

（1）一般要求

①汽车在匝道上的行驶速度是由高到低再到高逐渐变化的过程，在匝道平面线形设计中，平曲线的曲率变化也应与此变速行驶状态相适应，如图8-25所示。

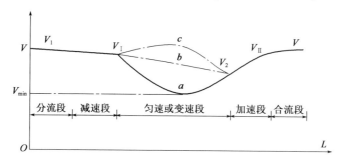

图8-25 匝道上汽车行驶速度示意图

②匝道平面线形应与其交通量相适应。转弯交通量大的匝道，行车速度要求高一些，线形应采用较高的技术指标，行车路径应尽量短捷。

③出口匝道的平面线形指标应高于入口匝道。

④分、合流处应具有良好的平面线形和通视条件。

⑤匝道平面线形在满足交通条件、场地条件和技术指标的前提下，各条匝道应合理组合，尽量减少拆迁和占地面积。

（2）匝道平面线形

①匝道平面线形要素。

匝道的平面线形要素仍然是直线、圆曲线和缓和曲线，但因匝道通常较短，难以争取到较长的直线段，故多以曲线为主。匝道圆曲线半径的大小，在考虑立交形式、用地规模、拆迁数量和工程造价等条件下，应与设计速度、超高横坡度以及行车安全和舒适性相适应。如表8-4所示为城市道路立交匝道圆曲线最小半径。通常情况下，应采用较大的圆曲线半径和较小的超高横坡度。如果采用较小半径的单曲线或环圈式左转匝道，除圆曲线半径满足最小半径规定外，还应有足够的匝道长度，以保证曲率的缓和过渡和上下主线的展线长度要求。

匝道圆曲线最小半径（m） 表8-4

匝道设计速度（km/h）		80	70	60	50	40	35	30	25	20
积雪冰冻地区		—	—	240	150	90	70	50	35	25
一般地区	不设超高	420	300	200	130	80	60	45	30	20
	$i_{max}=0.02$	315	230	160	105	65	50	35	25	20
	$i_{max}=0.04$	280	205	145	95	60	45	35	25	15
	$i_{max}=0.06$	255	185	130	90	5	40	30	25	15

对以曲线为主的匝道来说,匝道平面线形设计中应以回旋线作为主要的线形要素加以灵活应用。直线与圆曲线之间、圆曲线与圆曲线(同向曲线或反向曲线)之间均应以回旋线平顺连接。回旋线的参数和长度,以及相邻回旋线参数的比值应满足技术标准要求,其参数以 $A \leqslant 1.5R$(R 为衔接圆曲线半径)为宜,并不小于表8-5所列数值。反向曲线的两个回旋线参数宜相等,不等时其比例不小于1.5。一般情况下应尽量采用较大的回旋线参数或较长的回旋线长度,只有条件受限时方可采用最小值。

匝道回旋线参数 表8-5

匝道设计速度(km/h)	80	70	60	50	40	35	30
回旋线参数 A(m)	140	100	70	50	35	30	20
回旋线长度(m)	70	60	50	40	35	30	25

在分流点处,匝道平曲线的最小曲率半径应满足表8-6的规定。

分流点的圆曲线半径与回旋线参数 表8-6

主线设计速度 (km/h)	分流点的行驶速度 (km/h)	分流点的最小曲率半径(m)	回旋参数 A(m)	
			一般值	极限值
120	80	250	110	100
	60	150	70	65
100	55	120	60	55
80	50	100	50	45
60	≤40	70	35	30

②匝道平面线形布设。

根据汽车在匝道上的行驶特性及匝道平面线形的构成,对右转匝道和直接式左转匝道,一般宜采用单曲线成多心复曲线、同向曲线、卵形曲线。城市附近立交的匝道有时采用反向曲线组成的右转匝道,以减少占地面积或拆迁工程数量。

对半直接式左转匝道,其平面线形可由反向曲线与单曲线或卵形曲线等组合而成。

对环圈式左转匝道,最简单的平面线形是单曲线,它设计简便,但与匝道上行车速度的变化不适应。最好采用曲率半径由大到小、再到大的水滴形或卵形曲线,可满足车速变化的要求,但设计计算比较复杂,如图8-26所示。另外,为减少占地和工程造价,环圈式左转匝道常采用较小圆曲线半径。

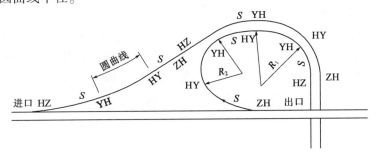

图8-26 典型立交匝道的平曲线组合

2. 匝道的纵断面线形设计

（1）一般要求

①匝道及其与主线连接处，纵断面线形应尽量连续，避免线形的突变。

②匝道上尽量采用较缓的纵坡，尽量不采用最大纵坡值，以保证行车的舒适与安全。特别是加速上坡匝道和减速下坡匝道应采用较缓的纵坡，严禁采用等于或接近于最大纵坡值。

③匝道及端部纵坡变化处应采用较大半径的竖曲线，以保证足够的停车视距和舒适性。分、合流点及其附近的竖曲线还应满足识别视距要求，以保证能看清前方的路况。

（2）匝道纵断面设计

匝道纵断面因受两端连接线高程的限制，为克服高差、节省用地和减少拆迁，并考虑到匝道上车速较低，故匝道的纵坡一般比主线大。最大设计纵坡如表8-7所示。

匝道的最大设计纵坡 表8-7

匝道设计速度(km/h)			80、70	60、50	40、35、30
最大纵坡(%)	出口匝道	上坡	3	4	5
		下坡	3	3	4
	入口匝道	上坡	3	3	4
		下坡	3	4	5

设计纵坡应尽量平缓，最好只有一次起伏，避免多次变坡。出口处竖曲线半径应尽可能大一些，以便误行时不致造成危险或引起阻塞。入口附近的纵断面线形必须有同主线一致的平行区段，以看清主线上交通情况，安全驶入。

3. 匝道平曲线的加宽

匝道平曲线的加宽过渡方式与主线是相同的。立体交叉单向单车道匝道圆曲线半径小于72m，单向双车道或双向双车道匝道圆曲线半径小于47m应设加宽。

按照规定，圆曲线上的路面加宽应设置在曲线的内侧。对于互通式立交匝道，因其具有长度短、以曲线为主、圆曲线半径小、加宽值大、构造物多的特殊性，如果匝道加宽位置仍然在圆曲线的内侧，对连续的反向曲线或S形曲线，将沿着匝道加宽忽左忽右，匝道宽度变化频繁，导致匝道桥梁上部结构布置困难，路容不美观。对相距不远的同向曲线或C形曲线，在用地困难的城市附近也会采用，尽管圆曲线加宽是在同侧，但也存在匝道宽度反复变化现象，对桥梁布置和路容美观都不利。

根据以上的分析，在对匝道桥梁布置和路容美观影响不大的情况下，尽量按规定在圆曲线的内侧加宽，在加宽缓和段内进行加宽过渡；在影响较大时，可按照一条匝道或局部区段内某一圆曲线所对应的最大加宽值，使该条匝道或该区段匝道采用此最大加宽值对应的路面宽度和路基宽度，也就是采用等宽的匝道断面，这样处理便于匝道桥梁布置，也改善了路容。

4. 匝道横断面布局

匝道横断面由车道、路缘带、停车带和防撞护栏或路肩组成。匝道横断面布置见表8-8。

匝道横断面布置(m) 表 8-8

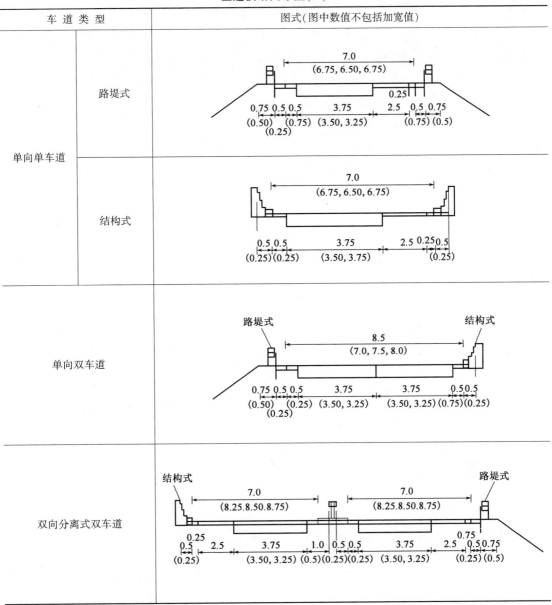

关于匝道横断面的形式,单向交通应采用单幅式断面,双向交通应采用双向分离式断面。在匝道范围内,路、桥同宽,中央分隔带困难路段可采用分隔物(钢护栏和混凝土护栏)。

【本章小结】

本章力求为读者建立起一个立交设计的总体印象,着重介绍了立交选型与匝道设计的要点,这两点是立交设计的基础和核心。然而,要设计出理想的立交桥设计图纸,本章内容远远不足,还需读者对通行能力计算和道路线形设计原理有更深的理解和掌握,尤其是曲线线形组合部分,是立交线形设计的核心。

【思考题】

1. 城市内立交与公路立交设计的主要差异是什么？
2. 请分析喇叭形 A 型和 B 型在车辆行车和交通流适应方面有何差异？
3. 全苜蓿叶形立交的主要优缺点是什么？如何减少其缺点的影响？
4. 左转匝道有哪些类型？各有何优缺点？
5. 匝道的竖曲线设置要考虑那些因素？
6. 请绘制一个三路立交，要求其所有匝道都设置在一个象限内。

第九章 城市道路景观与绿化设计

导读：城市道路不仅为车辆提供行驶空间，也是人活动的公共场所。因此，若设计师仅用交通工程的思维模式设计城市道路，则可能会出现千路一面、雷同、毫无生气的道路景观。作为道路交通工程师，应该对道路景观的构成要素、一般原则以及常用方法有所了解，同时对道路绿化和道路铺装、照明这些附属设施的设计理念和构成有一定认识，并能在实际设计中加以应用。

第一节 城市道路景观设计概述

一、道路景观概念

1. 景观的概念

景观，按照彼得·林奇的定义，是指土地及土地上的空间和物体所构成的综合体，它是复杂的自然过程和人类活动在大地上的烙印。景观这一看似简单的概念却有非常广泛而深刻的内涵，它包括视觉景象的含义，但远远不只是建筑物的配景或背景、广场、街景和园林绿化。实际上，景观的概念非常含糊和复杂，生态学家、建筑师、艺术家和普通的行人对景观的理解角度都有不同，甚至不同人对同一景观的理解或评价也有差异。

景观概念有着多样性、复杂性以及不确定性，但并不能认为景观是不可感知和定义的，人对景观的理解主要体现在美学理论的验证上。尽管每个人对景观的理解有所不同，但大多数情况下，人们对美好的事物有相同或相近的感受。比如，秋天在午后阳光下满是落叶的道路上散步，会带来某种心灵的愉悦感。

2. 城市道路景观

城市道路景观是从美学观点出发，在满足交通功能的同时，充分考虑道路空间的美观、用路者的舒适性，以及与周围景观的协调性，让使用者（驾驶员、乘客以及行人）感觉安全、舒适、和谐的道路景色。

城市道路既是组织城市景观的骨架，又是城市景观的重要组成部分。城市道路景观设计是以城市道路美学的观点以及城市设计的概念和方法研究来解决城市道路的规划与设计问题的。

伯纳德·鲁道夫斯基就意大利街道阐述如下:"街道不会存在于什么都没有的地方,亦即不可能同周围环境分开。换句话说,街道必定伴随着那里的建筑而存在。街道是母体,是城市的房间,是丰沃的土壤,也是培育的温床。其生存能力就像人依靠人性一样,依靠于周围的建筑。完整的街道是协调的空间……街道正是由于沿着它的建筑物才称其为街道。摩天楼加空地不可能是城市。"(资料来源:伯纳德·鲁道夫斯基.《人的街道》)

二、道路景观的构成要素

道路景观构成要素基本可以分为以下六类,如图 9-1 所示。

(1)道路:道路本体(路面等);道路栽植(行道树、灌木、树池等);道路附属物(道路标志、防护栏等);道路占用物(电线杆、公共汽车站等)。

(2)沿街:建筑物(商业、办公楼、住宅等);广告牌(小型广告牌、屋顶广告塔等);围合屏障(屏、栏、绿篱等);空地(广场、公园、河流等)。

(3)远景:自然要素(山岳、湖泊、森林等);人工要素(塔、城墙、高楼等)。

(4)人的活动:步行者、自行车、汽车等。

(5)地下部分:交通设施(地铁、地下通道等);商业设施(地下街、地下广场等);能源、通信设施(天然气、电气、通信电缆等);排水设施(排水道等)。

(6)变动因素:季节、气候、时间等。

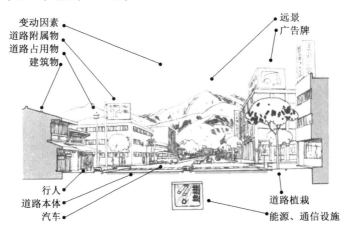

图 9-1 城市道路景观示意图
([图片来源:[日]土木学会.《道路景观设计》)

构成道路景观的要素是多种多样的,为了避免道路景观中的琐碎繁杂,仔细推敲各构成要素的存在意义,排除不必要的要素,创造简洁精炼的道路形式是景观设计的重要原则。道路景观设计中应该注意到道路线形与道路沿线的协调性,以形成生动活泼的城市道路空间,道路景观设计的协调性概要内容见表 9-1。

道路景观的协调性概要内容　　　　　　　表 9-1

项　目	名　称	内　容
道路线性上的协调	视觉上的协调	平面线形与纵断线形各自在视觉上的和谐和连续
	立体上的协调	平面线形与纵断线形互相配合,形成立体线形

续上表

项　目	名　称	内　容
道路沿线的协调	沿线与自然环境、社会环境的协调	与沿线的地形、地质、古迹、名胜、绿化、地区风景间的协调；路线与城市风光、格调等的协调
	车行道旁侧的整顿与和谐	中央分隔带的绿化；路肩、边坡的整洁；标志完整；广告招牌有管制；商贩集中，不占道路两侧
	构造物的艺术加工	对跨线桥、立体交叉、电线柱、护栏、隧道进出口、隔音墙等精心设计，且有一定的艺术风格
	美化环境	使驾驶员和旅客在路上感受到环境的优美

三、城市道路景观的设计原则

(1) 城市道路系统规划应与城市景观系统的规划相结合，把城市道路空间纳入城市景观系统中。

(2) 城市道路系统规划应将详细规划设计与城市历史文化环境保护规划相结合，成为继承和表现城市历史文化环境的重要公共空间。

(3) 城市道路景观应与城市道路的功能性规划相结合，与城市道路性质和功能相协调。

(4) 城市道路景观规划应做到静态规划设计与动态规划设计相结合，创造既优美宜人，又生动活泼、富于变化的城市街道景观环境。

(5) 城市道路景观规划要充分考虑道路绿化在城市绿化中的作用，把道路绿化作为景观设计的一个重要组成部分。

→第二节　道路铺装设计

一、道路铺装原则与功能

1. 道路铺装的原则

道路铺装不仅能增加道路强度、为交通参与者提供舒适的条件，也为道路景观注入活力。在实施中应注意以下几个原则：

(1) 安全通行原则

道路铺装首要条件要保障车辆与行人在通行时的安全，这就要求铺装材料本身坚实、耐磨、防滑无障碍等。此外，在铺装设计上，其功能区能够对穿插的交通参与者给予明显的提示，以防交通冲突的产生，如图9-2所示。

(2) 经济实用原则

材料使用上，结合本地区材料生产情况合理选择使用，达到经济、实用、美观。

图9-2　人行横道、盲道结合，保障行人安全通行

(3)文化艺术特色原则

根据处在不同地域的道路性质、周边情况,结合当地文化特色,打造具有、历史文化沉淀的特色铺装,可以通过使用地域性材料、材料文化性的处理、拼绘文化图案、雕刻饰样等来体现。

2. 城市道路铺装功能

(1)警示提示功能

在遇到特定场地、构筑物、障碍物等作警示提示用,主要是通过铺装的色彩、材料、质感的变化等对特定的对象进行警示或提示,达到安全通行的目的,如图9-3所示。

(2)指示功能

对于整体有序列感的设计,可使铺装强调出方向性和视觉引导性功能,如图9-4所示。

图9-3 通过道路铺装颜色的变化来提示车辆弯道的变化

图9-4 通过道路的铺装提示方向

(3)美化功能

可通过铺装材料、色彩、质感及具有美感的设计组合,营造宜人空间、美化城市形象、增加城市色彩、提升城市品位等,如图9-5、图9-6所示。

图9-5 商业街人行道铺装

图9-6 优美的道路铺装

二、城市道路铺装材料

根据铺装在表层的材料分类主要有柏油铺装、混凝土铺装、块材铺装。将块材铺装细分有石、砖、木、混凝土、沥青五种。石材分为板石和小铺石,砖分为普通砖和陶板砖两种。具体如表9-2所示。

街区铺装的种类及尺寸形状　　　　　　　　表9-2

种　类	形　状	长度(cm)	宽(cm)	高(cm)
板石	正方形	25,30,40	25,30,40	8~12
小铺石	正方形	6~10	6~10	6~10
砖	长方形	20,29	10,12	6,9
木板	多种类	7,20	7,10	7~10
水泥块	多种类	22.5,30,33	11,22.5,30,33	6,8
沥青块	长方形	24,30	12,30	2,2.5,3,4,5

1. 沥青铺装

表层是沥青混合物的铺装叫作沥青铺装，如图9-7所示。一般来说，沥青铺装路面有良好的平坦性、尺寸和模数的选择性、路床的适应性。其黑颜色具有成为街道背景色（基础色）的特质。

2. 混凝土的铺装

所谓混凝土铺装，是在整体铺装体的表面部分使用预制混凝土板进行的铺装，如图9-8所示。混凝土铺装有良好的耐磨耗性、耐油性、耐冻结破坏性；对夜间的步行和车行性也很好；有良好的路面平坦性、尺寸和模数的选择性、平面形状和坡面防滑的适应性。但另一方面，它将灰色作为背景色，阳光反射强。

图9-7　沥青道路铺装

图9-8　混凝土道路铺装

3. 混凝土平板铺装

主要用于人行道的铺装，混凝土铺装的施工技术简单，具有耐油性。典型的混凝土平板铺装有利于夜间照明。

4. 彩色沥青混凝土铺装

脱色沥青与各种颜色石料、色料和添加剂等材料在特定的温度下混合拌和，即可配置成各种彩色的沥青混合料。具有色彩鲜艳、黏附性和回弹性能优异、高温稳定性、低碳抗裂性、抗水害及耐久性等特点，具有美观和实用的双重功效。如图9-9所示。

5. 透水性铺装

透水性铺装是一种特殊的铺装方法，其在组合块铺装中作为铺装以外的另一功能为人们所注目。它在减少降雨时的表面径量、帮助树木成长、降低地面温度及阻止地基下沉等方面都很有效。透水性铺装具有将雨水直接渗透到路床,并在地下还原和暂时储存的功能。

6. 石材铺装

石材铺装常常作为有个性的铺装材料,用于创造专为步行者使用的道路空间上。另外,石材铺装用于路障、排水部分等特殊场所及配合沥青铺装作为装饰来使用也有一定的效果。有以下几种铺装石材:

(1)花岗石:由天然花岗石石材开采加工形成,材质坚硬,耐磨性好,防水性好,美观平整,质感丰富,容易加工成多种规格及形状,如图9-10所示。

图9-9　彩色沥青混凝土铺装

图9-10　花岗石

(2)卵石:卵石指的是风化岩石经水流长期搬运而成的小粒径无棱角的天然粒料。主要用于分割或勾勒主体铺装路面,形成主体图案或镶嵌边界等,不适合大面积铺用,如图9-11所示。

(3)水磨石:将碎石拌入水泥制成混凝土制品后表面磨光的制品,是一种以水泥为主要原材料的一种复合地面材料,可任意调色拼花,施工方便,造价低廉。

7. 其他铺装

(1)广场砖:广场砖砖体色彩简单,砖面体积小,多采用凹凸面的形式,如图9-12所示。具有防滑、耐磨、修补方便的特点。通过不同规格、各种颜色的组合搭配,可以拼贴出丰富多彩、风格迥异的图案。可用于大面积范围铺装场地。砖材常用品牌有舒布洛克,如图9-13所示,舒布洛克砖具有防滑、耐磨、透水性好等特点,且彩色的舒布洛克砖不易脱色,路面上的各种标记如行车道分割线、斑马线、盲道等可由不同颜色的地砖来进行永久性设置。

图9-11　鹅卵石

图9-12　广场砖

（2）木地板和塑木地板：采用原木经过特殊防腐处理后，得到的具有防腐烂、防白蚁、防真菌功效的原木地板，兼具塑料的耐水防腐和木材的质感两种特性。木材铺装作为路面铺装，风格独特，具有原始自然的气息，常用于临水平台、木栈道以及各种园林建筑小品下面。如图9-14所示。

图9-13　舒布洛克砖

图9-14　塑木地板铺装

三、路缘石设计

1. 路缘石设计

路缘石（图9-15）指的是设在路面边缘的界石，简称缘石。它是作为设置在路面边缘与其他构造带分界的条石。缘石可以分为立缘石和平缘石。

立缘石宜设置在中间分隔带、两侧分隔带及路侧带两侧。当设置在中间分隔带及两侧分隔带时，外露高度宜为15～20cm；当设置在路侧带两侧时，外露高度宜为10～15cm。

平缘石宜设置在人行道与绿化带之间，以及有无障碍要求的路口或人形横道范围内。

路缘石施工设计图如图9-16所示。

图9-15　路缘石外观

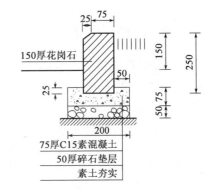

图9-16　路缘石施工设计图（尺寸单位：mm）

中央分隔带、两侧分隔带及人行道（含绿带、树穴），均采用缘石围砌，对快速路而言，它体现了道路线形的整体性，也是车辆的导流线，实现了快速路的主、辅路交通功能分隔。

快速路车道对向安全分隔，确保主路设计车速与安全。除交通功能外，由它围砌形成的分隔带也是城市立面景观线及防尘带，因此，随着道路各部位的不同，缘石的功能要求也是不同的。缘石一般高出路面边缘 10~20cm，锯齿形偏沟处可采用 8~20cm，为保证隧道内的线形弯曲段或陡峻路段安全，缘石可加高至 25~40cm。缘石的埋置深度应考虑能抵抗路侧带荷载的侧压力。

2. 路缘石的形式选择

路缘石是道路装饰的重要组成部分，对路缘石的外观形式的选择范围很广。注重以下几点：

(1) 路缘石的挡水和排水功能

具有排水功能的路缘石如图 9-17 所示，预制路缘石如图 9-18 所示。

图 9-17　具有排水功能的路缘石

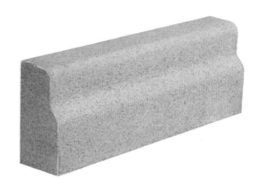

图 9-18　预制路缘石

(2) 路缘石材质

路缘石从材质上可分为水泥混凝土路缘石、天然石材路缘石、高强度树脂混凝土路缘石。选材应从造价、景观要求和耐久性方面综合考虑。

第三节　城市道路绿化设计

一、道路绿化的功能

道路绿化是城市道路的重要组成部分，对保护和美化道路沿线环境有着重要的意义和作用，同时道路绿化也是整个城市点、线、面整体绿化和城市景观的重要组成部分。此外，在道路绿化带下布置市政工程管线，可减少管线维修对路面破坏造成的损失。

1. 生态保护功能

由于植物固有的生物学和生态学特性，使得植物在道路绿化中能起到特有的生态保护作用，如：遮阳；降低噪声；降低辐射热；调节和改善道路环境小气候；保护路面。

2. 交通辅助功能

道路上的绿化带具有辅助交通的功能，如：防眩作用；美化环境，减轻视觉疲劳；标识作用；交通组织。

3. 景观组织功能

道路绿化植物可以构成道路景观。通过合理的设计，可使道路与绿化植物共同构成优美的道路景观。

此外,绿化可以对周围环境进行空间分隔和景观组织。道路是城市的骨架,穿梭于城市各区域,利用道路绿化植物分隔、围合空间的功能,使道路绿化发挥其对城市空间的连接、分隔、围合等作用,对城市景观和游览路线进行合理的组织和安排。

二、道路绿化设计的原则

不同性质的道路,应根据道路使用者的潜在需求,采用不同的绿化方式。应根据城市性质、道路功能与等级、自然条件和城市环境等,并与街道景观有机地结合起来,才能充分发挥它在功能与景观方面的特殊作用。具体设计原则如下:

1. 保证行车安全的原则

绿化种植不得影响驾驶员判断交通状况,尤其不能在一些安全隐患点遮挡驾驶员视线。例如:道路交叉口视距三角形范围内和弯道内侧规定范围内所种植的树木不应影响驾驶员的视线通透。此外,在高速行驶道路两侧一定范围不能种植高大乔木,以防车辆偏离路线后撞击乔木造成二次伤害。

2. 适地适树的原则

道路绿化树木应根据各地的气候、土壤等条件的不同、要求适地适树,以乡土树木为主,植物间应符合伴生的生态习性。

3. 乔木、灌木、地被相结合的原则

城市道路绿地规划应以乔木为主、乔木、灌木、地被植物相结合,在符合植物生态习性的前提下,全面覆盖地面,创造层次丰富的道路景观。

4. 绿化景观与市政工程相互协调的原则

绿化种植应与市政设施布局统筹考虑。例如,地下管线与绿化带的关系,消防、停车设施与绿化之间的协调问题等。

三、道路绿化植被选择

选择植于城市道路、广场的树木和地被植物,要严格挑选当地适宜的种类,一般须遵循以下原则:

(1)道路绿化树种要选择适应道路环境条件、生长稳定、观赏价值高和环境效益好的植物种类。

(2)街道树应选择深根性、分支点高、冠大荫浓、生长健壮、适应城市道路环境条件的树种。选择落花落果少,或无飞毛的树木,或落果对行人不会造成危害的树种。

(3)花灌木应选择花繁叶茂、花期长、生长健壮和便于护理的品种,此外,不得有毒有刺以及可能对人体产生潜在危害。

(4)地被植物应选择茎叶茂密、生长势强、病虫害少和容易管养的木本或草本观叶、观花地被植物。

四、道路绿化带设计

1. 道路绿化率要求

在规划道路红线宽度时,应同时确定道路绿地率。园林景观路绿地率不得小于40%;红线宽度大于 50m 的道路绿地率不得小于 30%；红线宽度在 40～50m 的道路绿地率不得小于 25%；红线宽度小于 40m 的道路绿地不得小于 20%。横断面平面绿化布局如图 9-19 所示。

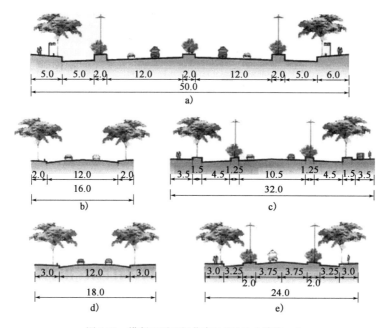

图 9-19　横断面平面绿化布局图（尺寸单位：m）
a) A-A 断面；b) E-E 断面；c) B-B 断面；d) D-D 断面；e) C-C 断面

2. 道路绿地的分类区域

道路绿地是指道路及广场用地范围内的可进行绿化的用地。道路绿地分为道路绿带、交通岛绿地、广场绿地和停车场绿地。其中，道路绿带又分为分隔带绿带、行道树绿带和路侧带绿带。

1) 分隔带绿带设计

车行道之间可以绿化的分隔带，其位于上下行机动车道之间的为中间分隔带绿带，如图 9-20 所示；位于机动车道与非机动车道之间或同方向机动车道之间的为两侧分隔带绿带。分隔带绿带的植物配置应形式简洁、树形整齐、排列一致。具体的设计标准如下：

(1) 中间分隔带绿带应阻挡相向行驶车辆的眩光，在距相邻机动车道路面高度 0.6～1.5m 间的范围内，树冠长年枝叶茂密，其株距不得大于冠幅的 5 倍。

(2) 两侧分隔带绿带宽度大于 1.5m 时，应以种植乔木为主，并宜以乔木、灌木、地被植物相结合。其两侧乔木树冠不宜在机动车道上方搭接。分隔带绿带宽度小于 1.5m 的，应以种植灌木为主，并应以灌木、地被物相结合。

(3) 人行横道或道路出入口断开的分隔带绿带，其端部应采取通透式配置。

2) 行道树绿带设计

行道树绿带设计主要是指布设在人行道与车行道之间，以种植行道树为主的绿带，如图 9-21 所示。行道树绿带种植应以行道树为主，并宜以乔木、灌木、地被植物相结合，形成连续的绿带。具体的设计标准如下：

(1) 行道树定植株距，应以其树种壮年期冠幅为准，最小种植株距应为 4m。行道树树干中心至路缘石外侧最小距离宜为 0.75m。

(2) 在道路交叉口视距三角形范围内，行道树绿带应采用通透式设置。

(3) 行道树不应影响道路净空的要求。

图 9-20　中间分隔带绿带　　　　　　　图 9-21　行道树绿带

3) 路侧带绿带设计

路侧带是指在道路侧方，布设在人行道边缘至道路红线之间的绿带，主要起增加绿地面积、提高行人空间舒适度、美化景观的作用，如图 9-22 所示。路侧绿带应根据相邻用地性质、防护和景观要求进行设计，并应保持在路段内的连续与完整的景观效果。

a) 　　　　　　　　　　　　　　　　　　b)

图 9-22　路侧带的绿带
a) 可休闲的路侧带绿带；b) 双排乔木的路侧带绿带

路侧带绿带宽度大于 8m 时，可布置开放式绿地。开放式绿地中，绿化用地面积不得小于该段绿带总面积的 70%。濒临江、河、湖、海等水体的路侧绿地，应结合水面与岸线地形，设计成滨水绿带。滨水绿带的绿化应在道路和水面之间留出透景线。道路护坡绿化应结合工程措施栽植地被植物或攀缘植物。

4) 交通岛、广场和停车场绿地设计

交通岛绿地分为中心岛绿地 (图 9-23)、导向岛绿地 (图 9-24) 及立体交叉绿岛。交通岛周边的植物配置宜增强导向作用，在行车视距范围内应采用通透式配置。

中心岛绿地应保持各路口之间的行车视线通透，布置成装饰绿地；导向岛绿地应配置地被植物；立体交叉绿岛应种植草坪等地被植物。草坪上可点缀树丛、孤植树和花灌木，以形成疏朗开阔的绿化效果。桥下宜种植耐荫地被植物。墙面宜进行垂直绿化。

图 9-23 中心岛绿地

图 9-24 导向岛绿地

注意：交叉口以及出入口视距三角形内不能有建筑物、构筑物、广告牌以及树木等遮挡驾驶员视线的地面物。在视距三角形内布置植物时，其高度不得超过 0.65~0.7m，宜选低矮灌木、丛生花草种植。

第四节 街道照明设计

一、照明布置形式

1. 常规道路照明

常规道路照明灯具的布置可分为单侧布置、双侧交错布置、双侧对称布置、中心对称布置和横向悬索布置五种基本方式，如图 9-25 所示。

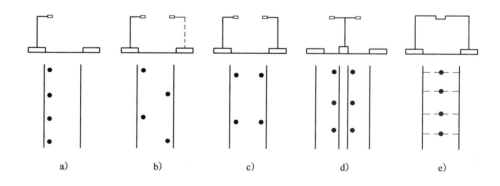

图 9-25 常规道路照明灯具布置的五种基本方式
a) 单侧布置；b) 双侧交错布置；c) 双侧对称布置；d) 中心对称布置；e) 横向悬索布置

采用常规照明方式时，应根据道路横断面形式、宽度及照明要求进行选择，并应符合下列要求：

(1) 灯具的悬挑长度不宜超过安装高度的 1/4，灯具的仰角不宜超过 15°。

(2)灯具的布置方式、安装高度和间距可根据表 9-3 并经计算后确定。

灯具的配光类型、布置方式与灯具的安装高度、间距的关系 表 9-3

配光类型	截光型		半截光型		非截光型	
布置方式	安装高度 $H(m)$	间距 $S(m)$	安装高度 $H(m)$	间距 $S(m)$	安装高度 $H(m)$	间距 $S(m)$
单侧布置	$\geqslant W_{eff}$	$\leqslant 3H$	$\geqslant 1.2 W_{eff}$	$\leqslant 3.5H$	$\geqslant 1.4 W_{eff}$	$\leqslant 4H$
双侧交错布置	$\geqslant 0.7 W_{eff}$	$\leqslant 3H$	$\geqslant 0.8 W_{eff}$	$\leqslant 3.5H$	$\geqslant 0.9 W_{eff}$	$\leqslant 4H$
双侧对称布置	$\geqslant 0.5 W_{eff}$	$\leqslant 3H$	$\geqslant 0.6 W_{eff}$	$\leqslant 3.5H$	$\geqslant 0.7 W_{eff}$	$\leqslant 4H$

2. 交叉路口照明

交叉路口可采用与相连道路不同色表的光源、不同外形的灯具、不同的安装高度或不同的灯具布置方式。

十字交叉路口的灯具可根据道路的具体情况,分别采用单侧布置、交错布置或对称布置等方式。大型交叉路口可另行安装附加灯杆和灯具,并应限制眩光。当有较大的交通岛时,可在岛上设灯,也可采用高杆照明。

T 形交叉路口应在道路尽端设置灯具(图 9-26)。

环形交叉路口的照明应充分显现环岛、交通岛和路缘石。当采用常规照明方式时,宜将灯具设在环形道路的外侧(图 9-27)。

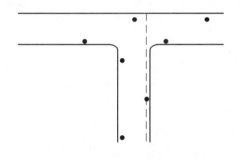
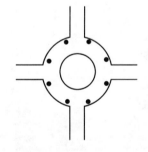

图 9-26 T 形交叉路口灯具设置　　　　图 9-27 环形交叉路口灯具设置

交通广场宜采用高杆照明,做到经济合理与照明效果良好并重。

隧道照明的布置应考虑到驾驶员视觉能力的过渡,隧道入口区的亮度应比洞外区域的亮度略大(若在白天,入口处则采用缓和照明方式)。在入口区一定距离内保持恒定亮度,在入口区末端则可将亮度逐渐降低至额定照度标准。

二、照明技术标准

为保证道路照明质量,达到辨认可靠和视觉舒适的基本要求,道路照明以满足平均路面亮度(照度)、路面亮度(照度)均匀度和眩光限制三项指标为标准。城市道路亮化标准,按快速路、主干路、次干路、支路以及居民区道路分为五级,见表 9-4。

城市道路量化标准　　　　　　　表 9-4

级别	道路类型	亮度 平均亮度 L_{av}（cd/m²）	亮度 均匀度 L_{min}/L_{av}	照度 平均照度 E_{av}（lx）	照度 均匀度 E_{min}/E_{av}	炫光限制	引导性
Ⅰ	快速路	1.5	0.4	20	0.4	严禁采用非截光型灯具	很好
Ⅱ	主干路（通向大型公共建筑的主要道路、市中心或商业区道路、大型交通枢纽等）	1.0	0.35	1.5	0.35	严禁采用非截光型灯具	很好
Ⅲ	次干路	0.5	0.35	8	0.35	不得采非截光型灯具	好
Ⅳ	支路	0.3	0.3	5	0.3	不宜采用非截光型灯具	好
Ⅴ	居民区道路（主要供行人和非机动车通行的居住区道路和人行道）	—	—	1~2	—	采用的灯具不受限制	—

三、城市道路照明灯具的选择

快速路、主干路、次干路和支路应采取高压钠灯；居住区机动车和行人混合交通道路宜采用高压钠灯或小功率金属卤化物灯；市中心、商业中心等对颜色识别要求较高的机动车交通道路可采用金属卤化物灯；商业区步行街、居住区人行道路、机动车交通道路两侧人行道可采用小功率金属卤化物灯、细管径荧光灯或紧凑型荧光灯。城市道路照明如图 9-28 所示。

图 9-28　城市道路照明

设计者应该意识到，道路照明不只是每个个体的照明，还形成了连续的灯的排列，在街道的空间中勾勒出街道的线条。

【本章小结】

"宏观决定成败，细节成就品质"，道路的景观设计也是这样。从宏观来说，如果道路的规划与周围环境、土地用途能互相协调，道路空间的划分比例得体、连续，道路景观设计就算是成功了一大半，道路容易给人带来舒适宜人的感觉；而城市道路的本体、附属物的设计属于道路景观的细节，细节部分设计好了，道路才会给人留下良好且深刻的印象。这两个方面都配合好，道路景观的设计才会取得完美的结果。而且道路景观除了与道路设计相配合，还需要与城市规划、路侧建筑建设、道路市政管理进行配合，才能共同营造和保持美好的景观。

【思考题】

1. 城市道路景观的构成要素有哪些？
2. 城市道路铺装的主要材料有哪些？分别具有哪些优点和缺点？
3. 简述对城市道路横断面各个部分进行绿化的方法。
4. 总结城市道路景观设计的主要内容。
5. 结合城市某条景观路谈谈城市道路景观设计的内容。

第十章 城市道路附属设施设计

导读：城市道路附属设施是城市道路的重要组成部分，其设计是否合理直接影响到城市道路交通能否正常运行。本章着重介绍常见道路附属设施几何设计的基本要求，主要包括公交场（站）、人行天桥与地道、道路停车场以及无障碍设施等。

➡ 第一节 公共交通站点的布置

一、公交停靠站位置规划

公交车站作为道路上常见设施，其设置的方式、位置以及车站形式对道路交通有一定影响，一般来说，公交车站规划设计主要考虑间距、位置以及几何构型三个方面。

1. 公交停靠站间距

从公交乘客心理来看，公交车站间距越短越好，步行者出行乘公交距离将会缩短，站距较短也会吸引更多的公交乘客。但站距过短，意味着站点数量增加，从而导致乘客车内出行时间增加。此外，站点数量过多的情况下，为保证一定的发车频率，公交车辆保有量也要同时增加，公交运营成本也会提升。因为公交车站间距处于一种矛盾之中，所以这里存在一个最优间距的问题。

相关规范推荐城市内公交站点市区为 500m 左右，部分地段可以达到 800m。郊区甚至达到 1000m。然而从实践经验来看，公交站距短一些可以更好地吸引客流。从公交优先角度，建议公交站距设置如表 10-1 所示。

公交站距设置推荐表　　表 10-1

地　段		推荐公交站距(m)
市区	人口密集区	350～450
	其他地区	400～500
郊区	近郊区	500～700
	远郊区	700～1000

2. 交叉口附近设置公交停靠站

公交停靠站常常要设置在交叉口附近，其位置可能会对交叉口交通和乘客安全带来不

同影响,根据位置可分为以下两类:

(1)交叉口上游公交停靠站

交叉口上游公交停靠站是指沿着车辆行驶方向,在交叉口上游进口道区域设置公交停靠站,如图10-1所示。公交车辆进出站点可能对进入交叉口车辆(尤其右转车辆)带来一定影响。但由于交叉口限速作用,进出该位置车辆车速较低,对安全影响较小。

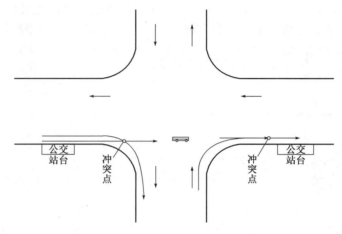

图10-1 上、下游公交停靠站位置示意图

(2)交叉口下游公交停靠站

交叉口下游公交停靠站是指在交叉口下游区域的出口道设置的公交停靠站。该位置对交通干扰较小。但由于出口道附近车辆速度较高,对乘客有一定安全隐患。

上述两种位置,公交停靠站停车位都必须距离交叉口缘石转弯处有一定距离,一般不小于50m,特殊情况下不小于30m。

3.公交停靠站在道路横断面上的位置

公交停靠站在横断面上可以在不同的位置进行设置,其优缺点有所不同,可分为以下几类:

(1)沿路侧带设置的公交停靠站

公交停靠站台设置在路侧带(人行道)上是常见的设置方式。该方式对乘客来说比较便利和安全,但公交停靠要占用和穿过非机动车道,容易和非机动车产生干扰,所以,该方式适用于无机非分隔带或机非分隔带较窄的道路。

如图10-2所示是有道路机非分隔带时,公交车辆由分隔带开口进出非机动车道,并沿路侧带停靠的方式。这种设计要求非机动车道较宽,能够容许公交车与1~2辆非机动车并行,因此非机动车道宽度要大于5m。

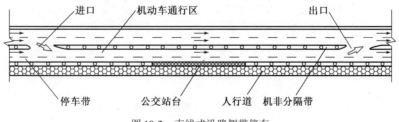

图10-2 直线式沿路侧带停车

当道路为单幅路时,公交停靠站设置于路侧带之上,一般须设置为港湾式。但港湾式站台设置要根据路侧带与非机动车道宽度条件综合考虑。如图 10-3 所示。图 10-3a)为路侧带较宽时($B>6m$)停靠站的设置方式,压缩路侧带后,有足够空间供步行者使用。这是比较常见的类型。但该模式在非机动车流量较大时对非机动车安全有一定影响,因此,可以采用图 10-3b)所示的方法改进。

图 10-3b)为路侧带较窄时,压缩路侧带后设置公交站点将导致行人步行空间严重受阻,因此将公交站台设置在与机非隔离栏横向移动的空间。该形式对非机动车影响小。

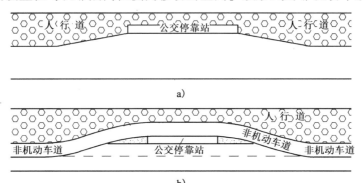

图 10-3 压缩侧分带形成的港湾式公交停靠站
a)路侧带较宽时;b)路侧带较窄时

(2)沿机非分隔带设置的公交停靠站

对于三幅路和四幅路的道路,机非分隔带宽度较宽(大于 4m)时,站台以港湾式设置在机非分隔带上。这种形式对机动车道有一定干扰,同时乘客候车背对非机动车道,也有一定安全隐患,须增加防护栏等设施。规范要求在分隔带上设立公交停靠站时,其公交停靠站宽度应至少为 2m,最小宽度不小于 1.5m。

如图 10-4 所示为沿机非分隔带设置的港湾式公交停靠站。

如图 10-4a)所示为机非分隔带较宽时($B>4m$),压缩分隔带后,站台宽度不小于 1.5m。

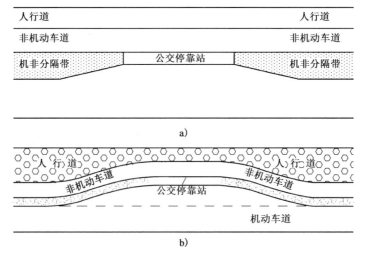

图 10-4 沿机非分隔带设置的港湾式公交停靠站
a)分隔带较宽时;b)分隔带较窄时

如图10-4b)所示为中间带较窄时(2m < B < 4m),压缩人行道并同步弯曲分隔带形成双港湾模式,该模式不会对非机动车造成干扰。

二、公交停靠站设计

1. 公交停靠站设计的一般规定

(1)停靠站一般为单侧停靠,候车站台宽度不应小于2m。

(2)停靠站形式宜设置为港湾式停车道,停车道的宽度不应小于3m。

(3)公交停靠站台长度应满足车辆停靠、人流集散及相关设施布设的要求。最小长度应满足两辆车同时停靠和行驶要求,车辆长度应根据选择的车型确定。

2. 公交停靠站的形式

公交停靠站台分为直线式公交站台和港湾式公交停靠站台。直线式由于对路侧交通有一定影响,规范要求一般新建道路必须设置港湾式公交停靠站台。一般港湾式公交停靠站几何构型如图10-5所示。

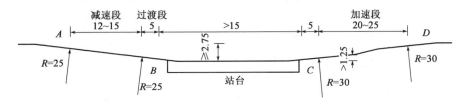

图10-5 港湾式公交停靠站(尺寸单位:m)

港湾式公交停靠站包括减速段、站台、加速段及过渡段四部分,一般以圆曲线或复曲线连接。因此,在对站台进行尺寸设计时,主要确定这三部分。站台长度不小于2个车位,但不宜大于4个车位长,减速段长度大于15m,加速段长度在20～25m。此外,停靠车位宽度一般为3m,压缩宽度一般须大于2.75m,但由于道路空间限制,压缩空间不足,可在保障尽量减少对机动车道交通干扰的情况下,采用渠化等技术缓解公交停靠对旁侧车道干扰。

3. 枢纽公交停靠站台设计

随着城市公交快速发展,公交线路聚集度也越来越高,一些城市一个公交站台汇集了十几条甚至几十条公交线路。而公交停靠站线路过于集中,到达车辆数会超过停靠泊位数,公交车排队到站外以至于在道路上引起拥堵、延误、混乱,此时乘客不能在所在位置上下车,也会形成安全隐患。

因此,对枢纽公交停靠站台设计需要精心分析和组织。一般对枢纽公交停靠站台设计要进行站台容量分析、到站车辆数统计分析、换乘人数与方向分析以及公交在站停靠时间和延误分析等前期研究,最后进入公交停靠站台细化设计。

经过一些地方实践建议,对枢纽公交停靠站,线路汇集较多时,可采用分停靠站台形式将一个大枢纽站拆分为两个小型车站。形式上可以是并列式(即分隔带和路侧带平行设置两个公交站台),也可以是串联式。停车位数应按高峰时到达车辆数设置,且各个停靠站台均不宜少于2个车位,串联式两停靠站台间的最小净距不应小于15m,如图10-6所示。在实际设计时,应充分考虑公交车到达频数和停靠站台服务能力之间的衔接匹配。

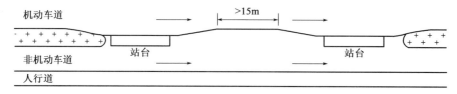

图 10-6 串联式双港湾枢纽公交停靠站示意图

三、首末站设计

1. 首末站设计的一般要求

（1）首末站的规划设计应以城市交通综合规划为依据，并考虑城市景观和环境保护的需要。

（2）首末站宜设置在全市各主要客流集散点附近较开阔的地方，这些集散点一般都在几种公交线路的交叉点上，如火车站、码头、大型商场、分区中心、公园、体育馆、大型居住社区等。在这种情况下，不宜一条线路单独设首末站，而宜设置几条线路共用的交通枢纽站。

（3）首末站的建设规模应根据每条营运线路所配营运车辆的数量确定。规划部门作城区的新建、改建、扩建规划时，应配套安排首末站的规划用地。对位于城市边缘或近郊的首末站，宜结合用地条件适当放宽用地标准。

2. 首末站设置规模确定

首末站的规模应按线路所配营运的车辆总数确定，并宜考虑线路发展的需要。

（1）首末站的规模按该线路所配营运车辆总数来确定。一般配车总数（折算为标准车）大于 50 辆的为大型站；26～50 辆的为中型站；等于或小于 25 辆的为小型站。

（2）首末站的规划用地面积宜按每辆标准车用地 90～100m^2 计算。首末站若用作夜间停车，其停车坪应按该线路营运车辆的全部车位面积计算。

（3）为了确保首末站的建设规模，回车道（行车道）和候车廊的用地不包含在 90～100m^2 的计算指标内。

（4）首末站必须建停车坪。停车坪在不用作夜间停车的情况下，首站用地面积应不小于该线路营运车辆全部车位面积的 60%。停车坪与回车道一起构成站内停车、行车、回车的整体。

（5）末站停车坪的大小按线路营运车辆车位面积的 10% 计算。

3. 首末站附属设计内容

（1）首末站在设置时，既要考虑有合理空间，又要服务周边用地的乘客，使一般乘客都在以该站为中心的 350m 半径范围内，其最远的乘客应在 700～800m 半径范围内。

（2）首末站必须按站内最大铰接车辆的回转轨迹设置回车道，且道宽不应小于 7m。在公共交通用地较困难的地方，回车道可利用就近街道。

（3）首末站的入口和出口应分隔开，且必须设置明显的标志。出入口宽度应为标准车宽的 3～4 倍。当站外道路的车行道宽度小于 14m 时，进出口宽度应增加 20%～25%。非铰接车的出入口宽度应不小于 7.5m。在出入口后退 2m 的通道中心线两侧各 60°范围内，应能目测到站内或站外的车辆和行人。

(4)首末站周围宜安排绿化用地(包括死角及发展预留用地),其面积宜不小于该站总用地的15%。

第二节 人行过街设施规划设计

人行过街设施是城市道路交通系统中的一个重要组成部分,其规划设计和建设,不仅关系到行人过街的安全和方便,也关系到车辆的通行效率、城市建设投资与城市景观等。本节将重点介绍人行天桥和人行地道的设计要点。

一、人行过街设施设置的条件

1. 人行过街设施的类型

根据人行过街设施与车行道竖向位置关系,人行过街设施分为平面过街设施(包括信号控制人行横道、无信号控制人行横道)和立体过街设施(包括人行天桥、人行地道)两类四种形式。各种人行过街设施的类型和基本组成如表10-2所示。

人行过街设施的类型和基本组成　　　　表10-2

类　型	形　式	基　本　组　成
平面过街设施	定时式或感应式信号控制人行横道	平行式人行横道*
		定时行人信号灯或行人按钮信号灯
		安全设施
		无障碍设施
	无信号控制人行横道	条纹式人行横道
		前方人行横道警告标志或标线
		安全设施
		无障碍设施
立体过街设施	人行天桥	人行天桥
		附属设施
		无障碍设施
	人行地道	人行地道
		附属设施
		无障碍设施

注:*为提高对平行式人行横道的辨认程度,可在两条平行线间加画行人图像。

2. 人行过街设施的通行能力

人行横道、人行天桥和地道主要断面的可能通行能力,如表10-3所示。

人行横道、人行天桥和地道的可能通行能力　　　　表10-3

类别	人行横道 per/(t_{gh}·m)	人行天桥和地道 per/(h·m)	车站、码头的人行天桥和地道 per/(h·m)
可能通行能力 P_m	2700	2400	1850

注:t_{gh}为绿灯小时。

人行横道、人行天桥和地道的设计通行能力折减系数规定如下：

(1)全市性的车站、码头、商场、剧场、影院、体育馆(场)、公园、展览馆及市中心区行人集中的人行横道、人行天桥和地道的计算设计通行能力的折减系数采用0.75。

(2)大商场商店公共文化中心及区中心等行人较多的天桥地道计算设计通行能力的折减系数采用0.8。

(3)区域性文化商业中心地带行人多的人行横道、人行天桥和地道等计算设计通行能力的折减系数采用0.85。

3．人行过街设施的设置条件

(1)交叉口平面过街设施

①在信号控制交叉口，应按机动车信号控制方式配置相应的信号控制人行过街横道。

②在干路与支路相交的停车让行或减速让行标志管制的交叉口，在干路上应设置行人按钮式或车辆感应式行人专用信号控制人行过街横道，并随行人专用信号配置相应的面向干路及支路的机动车信号；在支路上应设置无信号控制的人行过街横道。

③在支路与支路相交的非信号控制交叉口上，应设置无信号控制的人行过街横道。

④信号控制人行横道应采用平行式人行横道，无信号控制人行横道应采用条纹式人行横道，并在横道线上游设置人行横道预告标示以及人行横道标志。

(2)路段平面过街设施

①在干路路段上相邻交叉口采用协调信号控制时，宜配合机动车协调信号控制，配置相应的人行过街协调信号控制和平行式人行横道；相邻交叉口采用非协调信号控制时，宜采用行人按钮式或车辆感应式行人专用信号及平行式人行横道。

②路段平面过街设施附近设置公交停靠站时，公交车站宜设置成背向错开形式，人行过街横道应靠近停靠站，如图10-7所示。

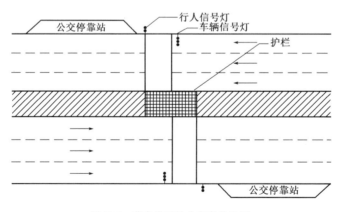

图10-7 背向错开的公交车站设置

③在支路路段上，应设置无信号控制的条纹式人行横道。

(3)交叉口立体过街设施

当交叉口进口道各条人行横道满足下列所有条件时，可规划设置交叉口立体过街设施：

①交叉口一个进口道的横过马路的人流量超过5000per/h。

②机动车交通高峰时段的每个信号周期内，交叉口进口道人行横道任意一个行人方向

的行人实际最大等待时间(或预测等待时间)大于交叉口行人过街可忍受等待时间。

在设置区域性的高架或地下步行系统时,可不受上述设置条件的限制。

(4)路段立体过街设施

当同时满足下列所有条件时,可以规划设置路段立体过街设施:

①路段上横过马路的人流量需求超过3000per/h。

②机动车限制车速不小于50km/h。

③道路双向车道数大于4条,且无中央分隔带。

④机动车高峰时段,路段信号控制人行横道处,在路中设置行人过街安全岛后,任意一个车流行驶方向的机动车绿灯时间大于路段行人过街可忍受等待时间。

⑤机动车高峰时段,路段信号控制人行横道处,每个信号周期内,任意一个行驶方向机动车流估计消散时间大于路段行人过街可忍受等待时间。

二、人行天桥与地道设计

1. 人行天桥设计原则

(1)总平面设计应符合规划要求,结合当地环境特征、交通状况、人流集散方向等因素进行设计。

(2)天桥建筑应注意艺术性,在造型与色彩上应同环境和传统文化协调。

(3)天桥建筑应按不同地域气候特点,采用防风雪、遮阳等造型构造设计。如图10-8所示为人行天桥效果示意图。

图10-8 人行天桥效果示意图

2. 人行地道设计原则

(1)总平面设计应符合规划要求,结合当地环境特征、交通状况、人流集散方向等因素进行设计。地道布局应结合特定的行政文化、体育娱乐、现有人防工程、商业活动地域等因素综合考虑,为远期逐步形成地下步行体系留有余地。

(2)地道进出口是否设顶盖及其建筑艺术,应遵循与环境协调的原则。

(3)地道内可按其重要性和功能需要考虑设备、治安、卫生等工作用房。

天桥和地道设计考虑残障人士使用要求,应按《无障碍设计规范》(GB 50763—2012)执行。

3. 天桥和地道的净空

(1) 天桥和地道的通道净宽,应根据设计年限内高峰小时人流量及设计通行能力计算。

(2) 天桥桥面净宽不宜小于3m。

(3) 地道通道净宽不宜小于3.75m。

(4) 地道净空不小于2.5m,当宽度大于5m时,应适当加高,减少空间压抑感。

4. 梯道布局

(1) 天桥和地道每端梯道或坡道的净宽之和应大于桥面(地道)的净宽1.2倍。梯(坡)道的最小净宽为1.8m。

(2) 考虑兼顾自行车推车通过时,一条推车带宽按1m计,天桥和地道净宽按自行车流量计算增加通道净宽,梯(坡)道的最小净宽为2m。

(3) 考虑推自行车的梯道,应采用梯道带坡道的布置方式,一条坡道宽度不宜小于0.4m,坡道位置视方便推车设置。

第三节　道路停车场设计

随着城市的发展和城市规模的扩大,车辆的保有量在迅速增加,尤其是机动车的迅猛增加,城市停车难的问题日益突出,这个问题在我国许多城市,甚至是小城市,都比较突出。道路停车设计已经成为城市道路设计的一个重要环节。

一、道路停车场设计基本要求

1. 停车场的分类

根据停放车辆类型,分为机动停车场和非机动停车场;根据停放车辆的场地,分为路内停车场和路外停车场;根据服务对象,分为公用停车场和专用停车场。

2. 停车场设计的过程

(1) 明确停车场的属性(包括产权、经营权、使用权)、面积或停车区域。

(2) 收集并分析停车特征资料(包括停车场估计停车总数、停车目的、停车位周转率、车位平均延停时间等)。

(3) 确定停车场的总体规模(泊位数)、出入口以及基本流线。

(4) 优化设计停车方式、停发模式以及通道宽度。

(5) 校验防火防灾要求。专用停车场应考虑其进出车辆对道路交通干扰,并考虑场内交通引导与安全事项。

二、路内停车设计

路内停车是常见停车模式,其设计主要内容有:确定合法停车泊位的地段,确定停车排列模式,设置停车位。

1. 路内停车的设置条件

以下路段和区域不应设置停车泊位:

(1) 快速路和主干路的主道两侧;次干路与支路视交通情况,经交警部门批准可以设置停车泊位。

（2）人行横道、交叉路口、铁路道口、急弯路、宽度不足4m的窄路、桥梁、陡坡、隧道以及距离上述地点50m以内的路段。

（3）公共汽车站、急救站、加油站、消火栓或者消防队（站）门前以及距离上述地点30m以内的路段，除使用上述设施的。

（4）距路口渠化区域20m以内的路段。

2. 停车泊位布局类型

（1）停车泊位布局通常有三种：平行式、垂直式及行列式，各自具有不同的优缺点。

平行式[图10-9a)]：设置于路边停靠时，占用空间较小，但由于用地紧凑，车辆只能倒车入泊位，当路侧交通繁忙时，该模式可能影响交通秩序。一般小车泊位尺寸设置为6m×2.5m。

垂直式[图10-9b)]：车辆排列紧密，空间利用效率最高，是常见的停车场布局方式。但垂直式驶入泊位不便，且通道要求最宽。

斜列式[图10-9c)]：车辆驶入驶出泊位比较容易，占用通道宽度较窄，但浪费顶角部分面积。当道路非机动车道或人行道较宽时，斜列式也可用于路边停车。

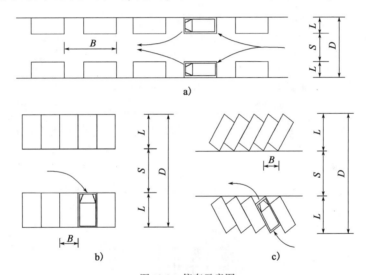

图10-9 停车示意图
a) 平行式；b) 垂直式；c) 斜列式
L-垂直通道方向停车位宽；S-通道宽；B-平行通道方向停车位宽；D-停车场宽

（2）多个停车泊位相连组合时，每组长度宜在60m以内，每组之间应留有不小于4m的间隔。停车泊位组合如图10-10所示。

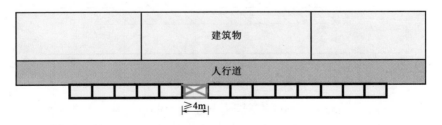

图10-10 停车泊位组合设计

(3)路内停车泊位应考虑设置残疾人专用停车泊位,其数量应不少于停车泊位总数的2%。

三、路外停车场设计

1. 车辆停发方式

车辆进出车位方式有三种:前进停车、前进发车;前进停车、后退发车;后退停车、前进发车。如图10-11所示。大型车辆在停车发车时应避免倒退。

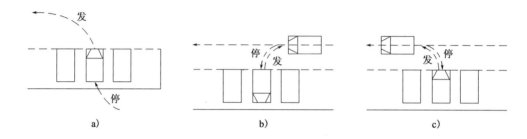

图10-11 车辆停发方式
a)前进停车、前进发车;b)前进停车、后退发车;c)后退停车、前进发车

2. 通道参数

通道参数主要包括通道宽度、坡度、最小转弯半径等参数。通道宽度与停发方式紧密结合,应根据停车场实际情况设置,除了考虑停发方式外,通道是否设置单行或双向行驶也影响停车场布局。主要参考因素是满足停车泊位数的要求,形成的交通流线冲突最小,并应考虑车辆进出安全。

3. 路外停车场出入口设置

(1)出入口在接入城市道路段,特别应注意符合行车视距的要求(图10-12),并应尽量右转出入停车场。

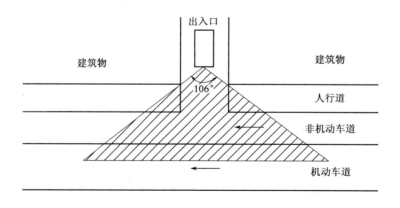

图10-12 停车场出入口视距示意图

(2)停车场出入口应距离交叉口、桥隧坡道起止线50m远。

(3)少于50个停车位的停车场,可设一个出入口,其宽度宜采用双车道;300个停车位的停车场,应设两个出入口;大于300个停车位的停车场,出口和入口分开设置,两个出入口之间的距离应大于20m。

第四节　无障碍步道体系规划与设计

国内城市在道路建设时,都非常重视残障人士和老年人的交通问题,即无障碍步道体系规划与实施问题。主要工程措施是在人行道体系中设置可供盲人判别走向的步行道系统和方便过街轮椅上、下人行道的斜坡道。这些工程体现了一个城市的文明程度和城市建设以人为本的现代理念。

一、规划设计原则

1. 分区域、分阶段规划实施

盲道和残疾人坡道的建设应该根据每个城市的具体情况如经济能力、街道繁华程度等,有先有后,分区域、分阶段地规划实施,使所建设施能够起到实实在在的作用,而不仅仅是为城市装点"面子"。

2. 区域内贯通、区域外连续外延

一旦确定某个街区或几个街区要修建无障碍步道体系,就应该保证区域内无障碍步道的连通性以及向区域外延伸的连续性,不要造成系统的内部间断。如果在一条道路上,盲道时有时无或者道路沿线交叉口处的坡道时有时无,就会给残疾人和老年人的交通带来对路况判断的不确定性,对其反而更不方便。外延也是一样,一定注意保持设施的连续性。

3. 强制无障碍坡道设置、合理设置盲道

无障碍坡道为普通步行者和轮椅使用者带来更多的便利和安全,因此,有必要在改建和新建道路中强力推广其使用,营造安全的步行环境。对于盲道设置须进行一定的调查,尤其是针对盲人需求进行了解,改进盲道目前的诸多不合理的设置。

二、工程设计要点

无障碍步道体系包含盲道和缘石坡道以及过街指引等系列辅助残障人士出行的系统。盲道是铺砌特殊的便于盲人辨别的步道砖(分直行导向砖和转向停步砖两种),并且在遇台阶的地方设置适当的坡道,从而形成一个特殊的人行道体系。

为了盲人步行方便与安全,盲道一般设在人行道中央。若路侧带较宽,并且在路侧带范围内设有绿化带,也可以将盲道靠近绿化带设置。另外,为便于轮椅自行或推行的方便与安全,应在所有人行道方向上的台阶处设置坡道。有关坡道和盲道的布置分别见图10-13~图10-15。

盲道砖分行进盲道砖和提示盲道砖两类,如图10-16所示。盲道砖的强度和材料同人行步道砖,盲道如遇地下设施井盖或地面障碍物时应绕开布置,在转弯或方向发生变化时应设置提示盲道砖区,其范围应大于行进盲道的宽度。无障碍步道体系工程设计应特别注意贯彻"以人为本"的设计理念,设计者应真正从这些特殊人群的用路要求出发来考虑设计问题。

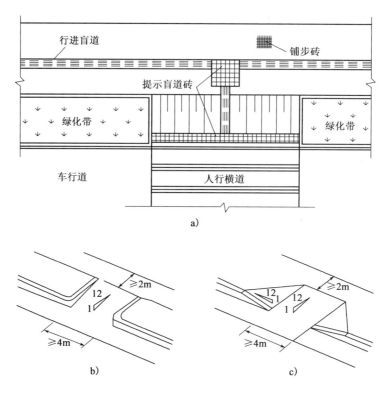

图 10-13 路段人行横道处坡道及盲道布置图

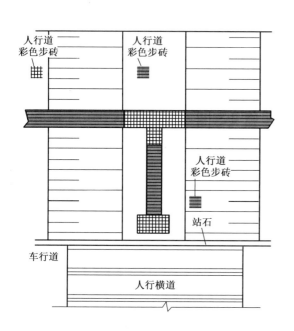

图 10-14 相交道口处人行横道处坡道及盲道

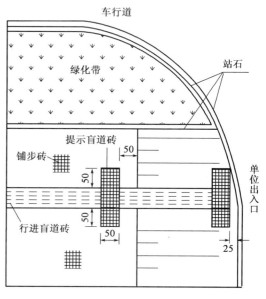

图 10-15 单位出入口处坡道及盲道布置(尺寸单位:cm)

 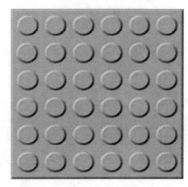

图 10-16 行进盲道砖和提示盲道砖
a) 行进盲道砖；b) 提示盲道砖

【本章小结】

本章主要介绍了公交停靠站、行人过街设施以及停车设施的设计要求。这些内容看似简单,但在以人为本和公交优先的新时期,设计趋向于复杂化和综合化,每类设计都须考虑更多的要求。例如公交枢纽站设计、大型停车场综合设计、新型步行道设计都是对过去经验的挑战和革新。

【思考题】

1. 公交停靠站布置在道路横断面有哪些形式？各自适用于什么条件？
2. 枢纽公交停靠站设计要点有哪些？
3. 路段上人行过街天桥和地道设置的条件有哪些？
4. 路边停放车辆时,停车泊位有哪些形式？什么时候采用？

第十一章 城市道路排水与管线综合设计

导读:排水系统是城市道路的重要组成部分,其设计目标是快速排出地面降水以及污水和废水。良好的道路排水系统不仅可以避免城市在雨季内涝,也可以提供道路在恶劣天气下的安全性保障,避免车辆和人员造成的额外伤害,并可有效改善城市卫生条件。本章着重介绍道路排水体系构成与一般规划设计要求,并对新时期排水设计理念做了介绍。

➡ 第一节 城市道路排水设计概述

一、城市道路排水体制

城市排水系统中汇聚的除雨、雪水外,还包括生活污水和工业废水。城市道路排水体制按照排水系统的功能可分为合流制和分流制两种。

1. 合流制排水系统

将生活污水和雨水混合在同一管渠内排除的系统称为合流制排水系统。污水不经任何处理直接就近排入天然水体,必然对原水体造成严重污染。改进的截流式合流制排水系统,在临天然水体的岸边建造一条截流干管,并设置污水处理厂。晴天时污水流入污水处理厂,雨天时雨水和污水共用管道,但当降雨量大时,可能会有部分污水经溢流井溢出而直接排入水体。

2. 分流制排水系统

分流制排水系统是将生活污水、工业废水和雨水分别通过两个或多个独立的管渠排除的系统。一般可分为两种情况:一种是分别设置污水和雨水管道系统;另一种是只有污水管道系统,不设雨水暗管,雨水沿着地面、街道边沟和明渠泄入天然水体。

由于合流制对天然水体污染严重,所以新建的排水系统一般采用分流制,同一城镇的不同地区可以采用不同的排水制度。

二、城市道路雨水排水系统

根据构造特点,城市道路雨水排水系统可分为以下几类:

1. 明沟系统

与公路地面排水相同,即采用明沟排水,一般为加盖板的矩形或梯形排水沟,便于疏通检修,可设在路面的两边或一边,也可设在车行道的中间。通常设置于城市广场或在郊区道路以及雨量汇集特别大的地区,如丘陵、山区城市等处。

2. 暗管系统

暗管系统包括街沟、雨水口、连接支管、主干管、检查井、出水口等部分。道路及其相邻地区的地面水依靠道路设计的纵横坡度流向行车道两侧的街沟,然后顺街沟的纵坡流入沿街沟设置的雨水口,再由地下的连接支管引到主干管,排入附近河流或其他天然水体中去(图11-1)。

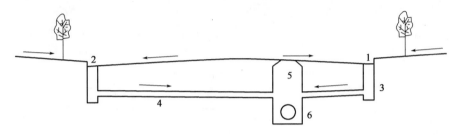

图11-1 暗管排水示意图
1-街沟;2-进水孔;3-雨水口;4-连接管;5-检查井;6-雨水干管

第二节 雨水暗管排水系统的规划与布置

一、雨水管道系统布置的原则

雨水管道系统的布置,要使雨水能够顺畅及时地从建筑物、工厂区排出。雨水管道的布置可从以下几个方面考虑:

1. 充分利用地形条件,就近排入天然水体

规划雨水管线时,首先在地区内按地形划分排水区域。根据分散和直接的原则,要求雨水管以最短路线将雨雪水就近排入天然水体。

2. 尽量避免设置雨水泵站

由于雨水量大,雨水泵站投资大,且雨水泵站在一年中运转时间短,利用率低,因此排除雨水应尽可能靠重力流。但在一些地势平坦、区域较大或受潮汐影响的城市,必须设置泵站时,应把经过泵站排泄的雨水径流量减小到最小限度。

3. 结合城市规划布置雨水管道

应根据建筑物的分布、道路布置和街区内部的地形、出水口位置等布置雨水管道,使雨水迅速流出。对竖向规划中确定的填方或挖方地区,雨水管渠布置必须考虑今后地形变化,做出相应处理。

4. 合理开辟天然水体

应利用城市中的洼地和池塘,有计划地开挖一些大型蓄水池塘和人工洼地,以便储存因暴雨量大时过多的雨水,这样做不仅能减小管渠的断面,节省工程投资,也能创造更好的城市环境。

二、暗管排水系统的布设

城市道路的雨水管线应布置为直线、平行于道路的中心线或规划红线。雨水干管一般设置在街道中间或一侧，并宜设在快车道以外。在红线宽度大于 40~60m 时，可沿街道两侧双线布置。这主要根据街道的等级、横断面形式、车辆交通、沿街建筑等技术经济条件决定。

由于管道施工和检修对道路交通干扰较大，所以雨水干管应尽可能不布置在主要交通干道的行车道下，而宜直接埋设在绿化带或较宽的人行道下，并注意与行道树、柱杆、侧石等保持一定的横向距离。雨水管道应尽可能避免或减少与河流、铁路以及其他城市地下管线的交叉，否则将使管道施工难度和造价增加。在不能避免相交时，相交最好采用正交方式，并保证相互之间有一定的竖向距离。雨水管道与房屋及其他管道的最小净距如表 11-1 所示。

排水管道与其他管线（构筑物）的最小净距　　　　表 11-1

名　　称			水平净距（m）	垂直净距（m）
给水管	$d \leq 200$mm		1.0	0.4
	$d > 200$mm		1.5	
排水管			—	0.15
再生水管			0.5	0.4
煤气管	低压	$P \leq 0.05$MPa	1.0	0.15
	中压	0.05MPa $< P \leq 0.4$MPa	1.2	
	高压	0.4MPa $< P \leq 0.8$MPa	1.5	
		0.8MPa $< P \leq 1.6$MPa	2.0	
热力管线			1.5	0.15
电力电缆			0.5	0.5
通信电缆			1.0	直埋 0.5，管块 0.15
乔木			1.5	—
地上杆柱	通信照明及小于 10kV 的输电线路		0.5	
	高压铁塔基础边		1.5	—
道路侧石边缘			1.5	—

注：1. 表列数字除注明者外，水平净距均指外壁净距，垂直净距系指下面管道的外顶与上面管道基础底间净距。
　　2. 采取充分措施（如结构措施）后，表列数字可以减小。

当雨水管与其他管线发生平交时，其他管线一般可用倒虹管的方法。由于雨水在管道内是靠本身重力流动的，所以雨水管道应由上游向下游倾斜。雨水管的纵断面设计应尽量与街道地形相适应，即管道纵坡尽可能与街道纵坡取得一致，这样不致使管道埋设过深，可节省土方量。

管道的埋深是指管道内壁底到地面的深度，管道的覆土厚度是指管道外壁顶部到地面的距离（图 11-2）。管道的埋深对整个管道系统的造价和施工影响很大，管道越深则造价越高，施工越困难。在技术要求的条件下，管道埋深越小越好。但管道的覆土厚度有最小限值，称为最小覆土厚度。

最小覆土厚度根据雨水管可能承受的外部荷载、管材强度、当地冻深以及临街建筑内排水支管的衔接要求等条件确定,一般不小于0.7m。在保证管道不受外部荷载损害时,最小覆土厚度可适当减小。当埋深不能满足最小覆土厚度时,应当对管道采取加固措施。对于北方冰冻地区,则要根据防冻要求来确定覆土厚度。

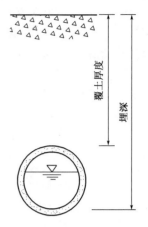

图 11-2　管道埋深与覆土深度

三、雨水口与检查井的布设

1. 雨水口布设

雨水口是管道排水系统汇集地表水的构筑物。地面、街道上的雨水汇集后先进入雨水口,再经过连接管进入雨水管道。雨水口一般设在道路的两侧、交叉口、广场上等水流可能流经的地方和地面水可能汇集的低洼地段。

雨水口布设数量应按汇水面积所产生的流量和雨水口的进水能力确定。在纵断面凹处、街道低洼点、汇水点以及人行横道线上游,应设置雨水口。雨水口应避免设在临街建筑物的门口、停车站、分水点及其他管道上方。

雨水口间距根据当地暴雨强度、雨水口排水能力、地形等综合确定,一般为20～50m。当纵坡过大时,水流速度大,积水不能充分进入雨水口而越行。纵坡过小时,往往形成积水。为防止发生这两种情况,均应减小雨水口间距。

雨水口之间可以用连管连接,形成串联,但不宜超过3个,并应加大出口连接管管径。

2. 雨水口的构造

雨水口由进水箅、井身及连接管三部分(图11-3)组成。

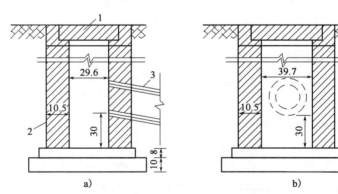

图 11-3　雨水口(尺寸单位:cm)
a)雨水口正面图;b)雨水口侧面图
1-进水箅;2-井身;3-连接管

根据进水箅布置的不同,雨水口形式又分为平箅式、立式及联合式三种(图11-4～图11-6)。

平箅式雨水口:雨水口的盖平铺在道路边沟上,进水箅宜稍低于边沟或邻近地面约3cm。平式雨水口单箅泄水能力为20L/s,双箅泄水能力为35L/s。平箅式雨水口容易被落叶树枝废弃物堵塞,从而影响排水畅通,因此要做养护工作。

立式雨水口：分为立孔式和立箅式两种，适用于有缘石的道路，且进水口不容易被杂物堵住。但雨水沿边沟流来时需转90°才能流入雨水口，以致水流不畅，进水较慢，所以间距不宜过长，在严重积水区不宜采用。

联合式雨水口：是平箅式和立式组合的形式，在水平和垂直方向上均有雨水箅子，宜用于径流集中且有杂物堵塞处。联合式雨水口单箅泄水能力为30L/s，双箅泄水能力为50L/s。

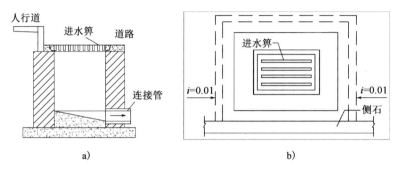

图11-4 平式雨水口示意图

a)雨水口侧面图；b)雨水口俯视图

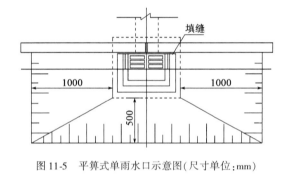

图11-5 平箅式单雨水口示意图（尺寸单位：mm）

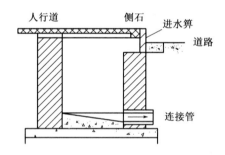

图11-6 立式雨水口示意图

雨水口底部可分为有沉泥槽和无沉泥槽两种。沉泥槽可截留雨水所夹带的泥砂，不使泥砂进入管道而造成淤塞，但往往影响环境卫生，增加养护工作量。

3．检查井

检查井又称窨井，是设在主干管上的一种井状构造物。为了对管道进行检查和疏通，管道系统上必须设置检查井；同时检查井还起连接沟管的作用（图11-7）。相邻两个检查井之间的管道应在同一直线上，便于检查和疏通操作。在管道改变方向处、改变坡度处、改变高程处、改变断面处和管道交汇处、跌水处，以及直线管段上每隔一定距离，都应布设检查井。检查井在直线管段上的最大间距应根据疏通方法等情况具体确定，一般宜按表11-2确定。

直线管段上的检查井最大间距　　　　表11-2

管径或暗渠净高 (mm)	最大间距（m）	
	污水管道	雨水（合流）管道
200~400	40	50
500~700	60	70

续上表

管径或暗渠净高 (mm)	最大间距(m)	
	污水管道	雨水(合流)管道
800~1000	80	90
1100~1500	100	120
1600~2000	120	120

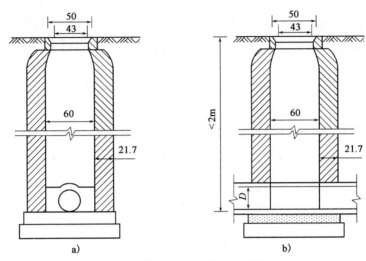

图 11-7　圆形检查井示意图(尺寸单位:cm)
a)检查井正面图;b)雨水口侧面图

第三节　雨水流量计算

为确定雨水管渠的断面尺寸和坡度,必须先确定管渠的设计流量。城市道路雨水管渠的设计流量按下式计算:

$$Q = q\psi F \tag{11-1}$$

式中:Q——雨水设计流量(L/s);

　　　q——设计暴雨强度[L/(s·hm²)],按城市所在地区的暴雨强度公式计算确定;

　　　ψ——径流系数;

　　　F——雨水管渠所排除街区雨水的汇水面积(hm²)。

设计管段内雨水总量还需将上游雨水管渠内的雨水流量计入,如道路排水系统是合流制排水系统,还需增加生产废水和生活污水的汇入量。

一、径流系数 ψ

流入雨水管道的雨水称为径流量,径流量与全部降雨量之比称为径流系数,用 ψ 表示,其值常小于1。它与汇水面积的地面覆盖情况、地面坡度、降雨历时及暴雨雨型等有关。不同地面的径流系数见表11-3。

不同地面的径流系数表 表11-3

地 面 种 类	ψ	地 面 种 类	ψ
各种屋面、混凝土或沥青路面	0.85~0.95	干砌砖石或碎石路面	0.35~0.40
大块石路面、沥青表面处治路面	0.55~0.65	非铺砌土路面	0.25~0.35
级配碎石路面	0.40~0.50	公园或绿地	0.10~0.20

二、汇水面积 $F(\text{hm}^2)$

每条管道都有它所服务的面积,此面积为汇水面积或排水面积 F,单位以 hm^2 计。各设计管段的汇水面积的区界是根据地形、地物决定的。计算汇水面积时,除街坊面积外,还包括街道面积。

当地势平坦、街坊四周的道路都有沟管时,可用各街角的分角线划分汇水面积,各汇水面积内的雨水分别流入相邻的雨水沟管。

当地势向一边倾斜时,则街坊的雨水流入低侧街道下的管道内,一般不需要把街坊划分成几块面积。

三、设计暴雨强度 $q[\text{L}/(\text{s}\cdot\text{hm}^2)]$

降雨量是降雨的绝对量,用深度 $h(\text{mm})$ 表示。降雨强度是指某一连续降雨时段内的平均降雨量,用 i 表示:

$$i = \frac{h}{t} \tag{11-2}$$

式中:i——降雨强度(mm/min);

t——降雨历时,即连续降雨的时段(min);

h——降雨历时内的降雨量(mm)。

工程中,常用单位时间内单位面积上的降雨体积 $q[\text{L}/(\text{s}\cdot\text{hm}^2)]$ 表示降雨强度。q 与 i 之间的换算关系为:

$$q = \frac{i \times 1000 \times 10000}{100 \times 60} = 167i \tag{11-3}$$

在设计雨水管渠时,假定降雨在汇水面积上均匀分布,并选择降雨强度最大的降雨作为设计根据,根据当地多年(至少10年以上)的雨量记录,可以推算出暴雨强度的公式。我国常用的暴雨强度公式为:

$$q = \frac{167A(1 + c\lg T)}{(t + b)^n} \tag{11-4}$$

式中:q——暴雨强度$[\text{L}/(\text{s}\cdot\text{hm}^2)]$;

T——重现期(年);

t——降雨历时(min);

A、c、b、n——地方参数,根据统计方法计算。

我国幅员辽阔,各地气候条件不同,暴雨强度计算也不一样,现将部分城市根据自动雨量记录资料分析求得的暴雨强度公式列出供设计参考,如表11-4所示。

我国部分城市暴雨强度　　　　　表 11-4

序号	城市名称	暴雨强度公式	q_{20}	资料年数(年)
1	北京	$q = \dfrac{2001(1 + 0.811 \lg T)}{(t+8)^{0.711}}$	187	40
2	上海	$q = \dfrac{5544(T^{0.3} - 0.42)}{(t + 10 + 7 \lg T)^{0.82 + 0.07 \lg t}}$	198	41
3	重庆	$q = \dfrac{2822(1 + 0.775 \lg T)}{(t + 12.8 T^{0.076})^{0.77}}$	192	8
4	哈尔滨	$q = \dfrac{2889(1 + 0.91 \lg T)}{(t+10)^{0.88}}$	145	32
5	济南	$q = \dfrac{4700(1 + 0.753 \lg T)}{(t+17.5)^{0.898}}$	181	5
6	南京	$q = \dfrac{2989.3(1 + 0.6711 \lg T)}{(t+13.3)^{0.8}}$	181	40
7	长沙	$q = \dfrac{3920(1 + 0.68 \lg T)}{(t+17)^{0.86}}$	176	20
8	广州	$q = \dfrac{2424(1 + 0.533 \lg T)}{(t+11.0)^{0.668}}$	245	31
9	南宁	$q = \dfrac{10500(1 + 0.707 \lg T)}{t + 21.1 T^{0.119}}$	255	21
10	成都	$q = \dfrac{2806(1 + 0.803 \lg T)}{(t + 12.3 T^{0.231})^{0.768}}$	192	17

注：q_{20}-重现期为 1 年,降雨历时为 20min 的暴雨强度[L/(s·hm²)];T-设计重现期(年);t-设计降雨历时(min)。

1. 设计重现期 T

设计重现期的选择,根据地形特点和地区建设性质(居住区、中心区、工厂区、干道、广场等)主要因素确定,一般选用 1～3 年。对于重要干道、立交道路的重要部分、重要地区或短期积水即能引起较严重损失的地区,宜采用较高的设计重现期,一般选用 3～5 年。对于特别重要的干道,还应采用更高的设计重现期,可达 10 年。在同一个排水系统,也可采用同一个设计重现期或不同的设计重现期。

2. 降雨历时 t

雨水管渠的设计降雨历时,是指降暴雨时降雨流到设计管道断面的雨水量达到最大的径流量时所需的时间,以 t 表示。通常由两部分组成:从汇水面积最远点流到第一个雨水口的地面集水时间 t_1 和从雨水口流到设计断面的管内雨水流行时间 t_2。可表述为:

$$t = t_1 + m t_2 \tag{11-5}$$

式中：t_1——地面汇流时间(min),与流域面积大小、地面种类、坡度、覆盖情况等有关,一般 $t_1 = 5 \sim 15 \text{min}$；

t_2——雨水在管渠内流行时间(min),$t_2 = L/60v$；

L——计算管段长度(m)；

v——设计管渠内雨水的流速(m/s)；

m——延缓系数,明渠:$m = 1.2$;暗管:$m = 2$。

第四节 雨水管渠的水力计算

为使雨水管渠正常工作,避免发生淤积、冲刷等现象,雨水管渠水力计算时,应注意以下事项:

1. 设计充满度

雨水管和合流管均按满流条件设计,明渠应有设计水位以上不小于0.2m的安全值,街道边沟应有不小于0.03m的安全值。

2. 设计流速

为避免雨水所挟带的泥砂等杂物在管渠内沉淀下来而阻塞管道,《室外排水设计规范》(GB 50014—2006)中规定,雨水管道的最小设计流速为0.75m/s,明渠最小设计流速为0.4m/s。为了防止管壁和渠壁的冲刷破坏,非金属管道的最大允许流速一般为5m/s,金属管道一般为10m/s。在明渠中,流速则根据不同土质和铺砌材料而定。

3. 设计坡度

雨水管渠的最大纵坡,应使管渠内的流速小于最大允许流速。雨水管渠的最小坡度应按最小流速计算。《室外排水设计规范》(GB 50014—2006)中规定,当管材为塑料管时,雨水管和合流管的最小设计坡度0.2%,其他管材0.3%。

在一般情况下,管底坡度最好接近地面坡度。当遇到地面坡度很大时,为避免计算流速超过允许最大流速并满足最小覆土深度的要求,可设置跌水井。

4. 最小管径

为了便于雨水管道的养护,防止管道发生阻塞,《室外排水设计规范》(GB 50014—2006)中规定,雨水管和合流管的最小管径为300mm,雨水口连接管的最小管径为200mm。

第五节 雨水管道的设计步骤

雨水管道的设计是一项非常重要的工作,也是要求认真、仔细的技术性工作。在进行一个地区的雨水管道设计时,应按照以下步骤进行:

(1)调查研究、搜集和整理各种原始材料,并根据当地情况确定一些必要的设计基本数据。

(2)在1:5000~1:2000并绘有规划总图的地形图上,划分汇水面积,规划雨水管道路线,确定水流方向。

(3)划分各段管道的汇水面积,确定水流方向。将计算面积和各段管道的长度填写在图中。各支管汇水面积之和应等于该干管所服务的总汇水面积。

(4)依据地形图的等高线,确定各设计管段起讫点的地面高程;确定沿干管的控制点的高程,准备进行水力计算。

(5)按整个区域的地面性质求出径流系数。

(6)依道路、广场、建筑街坊的面积大小、地面种类、坡度、覆盖情况以及街坊内部的排水系统等因素,计算起点地面集水时间。

(7)根据区域性质、汇水面积、地形及漫溢后的损失大小等因素确定设计重现期。

(8)推求暴雨强度公式,并绘制单位径流量与汇流时间关系图。

(9)确定设计流量。进行水力计算,确定管渠断面尺寸、纵断面坡度,并绘制平面设计图。

第六节 海绵城市

一、海绵城市产生背景

随着城镇化的快速发展和城市群的兴起,大量建筑拔地而起,在建设城市初期忽略了城市与自然的和谐关系。屋面、道路、地面等设施建设导致的下垫面硬化,以及大量占用城市内原有的河流湖泊等因素,造成了70%～80%的降雨形成径流,仅有20%～30%的雨水能够渗入地下,破坏了自然生态本底和自然蓄水功能。导致逢雨必涝、遇涝则瘫、城里看海和雨后即旱、旱涝急转、逢旱则干、热岛效应,带来了水生态恶化、水资源紧缺、水环境污染、水安全缺乏保障等一系列问题。

城市发生内涝,表面上是由于城市地下排水系统落后于城市建设,但究其根源却是建设和建筑改变了地表径流量,增加了地下管网的负担。

二、海绵城市理念及其本质

为了探索理想城市发展模式,国内外学者相继提出园林城市、生态城市、低碳城市、智慧城市等城市概念。雨洪管理(Storm Water Management)一般是指对城市雨水的控制和利用。西方发达国家较典型的主要有美国的最佳管理措施(BMP)及低影响开发(LID)体系、澳大利亚的水敏感城市设计(WSUD)、英国的可持续排水系统(SUDS)、新西兰的低影响城市设计和开发(LIUDD)等。

海绵城市建设被称为是低影响设计和低影响开发(Low Impact Design or Development,以下简称LID)。海绵城市(Sponge City)其本质是回归自然,崇尚自然,是改变传统城市建设与发展理念,遵循顺应自然、与自然和谐共处的低影响发展模式,从而实现人、城市与其资源环境的协调发展,实现人与自然、土地利用、水环境、水循环的和谐共处。

三、海绵城市宏观实施方案

海绵城市突破了传统的"以排为主"的城市雨水管理理念,通过渗、滞、蓄、净、用、排等多种生态化技术,构建低影响开发、具有自然循环的"绿色海绵"雨水系统,使整个城市容易适应新的环境,遭遇水灾害后能够快速恢复,能够让城市弹性适应环境变化和自然灾害,并且不危及其中长期发展。这不仅有利于修复城市水生态环境,还能为综合生态环境带来效益。

四、城市规划区海绵城市设计与改造

(1)在扩建和新建城市水系的过程中,采取一些技术措施,如加深蓄水池深度、降低水温

来增加蓄水量并合理控制蒸发量,充分发挥自然水体的调节作用,从而减少水蒸发损失。同时,注重城市中市政污水再生水的利用价值,通过铺设再生水专用管道,就能够实现再生水的有效利用,从而能大幅降低对水资源的需求。传统快排模式与海绵排放模式对比见图 11-8,海绵城市循环图解见图 11-9。

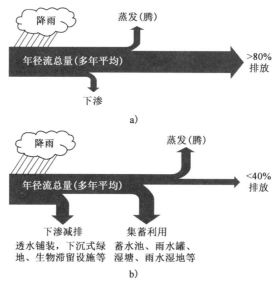

图 11-8 传统快排模式与海绵排放模式对比
a)传统快排模式;b)海绵排放模式

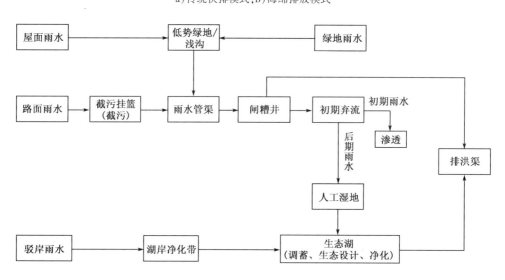

图 11-9 海绵城市循环图解

(2)城市的广场、道路面积较大、地面硬化程度较高,在满足道路交通安全等基本功能的基础上,应充分利用道路自身及周边绿化空间推行下凹式绿地、透水路面、LID 树池等低影响开发措施,削减径流水量、改善径流水质。大力推行透水路面,通过建设模块式的雨水调蓄系统、地下水的调蓄池或者下沉式雨水调蓄广场等设施,最大限度地把雨水保留下来;采用透水路面,强化雨水入渗,考虑到车行道污染相对较重、荷载较大,采用透水路面应当慎重;但非机动车道、人行道等,应大力推广透水路面(图 11-10)。为尽可能多地消纳道路雨水径流,人行道树木可采用 LID 树池形式(图 11-11)。

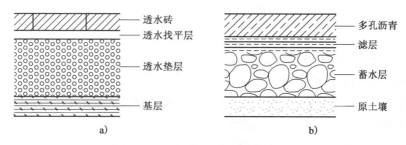

图 11-10 透水砖示意图
a)透水砖铺装;b)透水沥青铺装

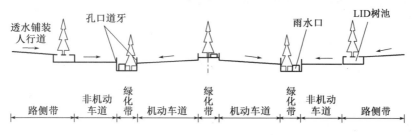

图 11-11 增加 LID 树池的道路横断面示意图

(3)在居住区、工商业区 LID 设计中,改变传统的集中绿地建设模式,将小规模的下凹式绿地渗透到每个街区中,在不减少建筑面积的前提下增加绿地比例。如图 11-12 所示。

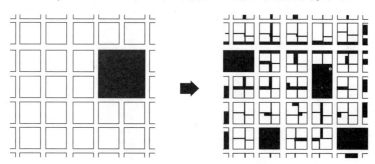

图 11-12 传统绿色系统与海绵城市绿色系统建设模式对比

(4)在园林绿地建设滞留塘、下凹式绿地等低影响开发设施,并将雨水调蓄设施与景观设计紧密结合,且收集的雨水可以循环利用,并可以将公园作为应急水源地。

(5)建筑设计与改造主要途径是推广普及绿色屋顶、透水停车场、雨水收集利用设施,以及建筑中水的回用(建筑中水回用率一般不低于 30%)。

【本章小结】

本章着重介绍城市道路排水基本内容和设计过程,意在使读者重视道路设计的同时重视排水设计,本章没有过多地引入水力计算过程,若读者有进一步学习的要求,可参阅城市排水专业书籍。此外,本章介绍了城市排水设计的新趋势,以海绵城市为代表的新理念和新措施。

【思考题】

1. 什么是城市道路排水体制?
2. 城市道路排水设施如何构成?
3. 简述设置雨水口及检查井的作用。雨水口和检查井间距和数量是如何确定的?
4. 布置雨水管时,主要考虑哪些因素?
5. 什么是暴雨强度和降雨历时?对排水管道设计有何影响?
6. 如何合理地确定设计重现期?
7. 海绵城市在道路方面有哪些应用和创新?

第十二章　街道稳静化设计

导读:街道稳静化设计(Traffic Calming Design)是近年来逐步被关注的一种新型城市道路设计理念,与原有的城市道路设计理念有较大差异,因为这种设计不是针对机动车交通需求而进行的,而是本着构建舒适生活区域、保护慢行交通的角度对机动车行驶进行约束型设计。鉴于国内对该设计模式还没有大面积推广,与之相关的规范和条文也没有出台,因此本章主旨是引进这种设计理念,并介绍该设计的主要方法和条件。

➡第一节　街道稳静化的理念

一、稳静化的发展历史及相关概念

1. 短暂的交通稳静化历史

交通稳静化理念源于国外城市规划师和交通工程师,他们发现人们对居住环境的认识,不仅取决于住房质量,而且受到周边街道的影响。在许多研究案例中,他们逐步认识到,为了全面改善居住与生活条件,将道路设计与环境问题结合在一起是必要的。

早在1963年英国的《布坎南报告》中,就已经警告交通增长将对城镇产生负面影响,并制定出可供选择的解决方案。20世纪60年代后期,英国许多城镇都划定了交通环境敏感区并进行稳静化改造。而科林·布坎南(Kolin Buchanan)现在仍被国外视为"交通稳静化之父"。与此同时,荷兰的规划师在居住区内改变了传统的道路与人行道的设计模式,通过利用绿化和安装设施,将车行道与人行道整体设计,因这种设计从视觉上看很像居民院子,故被称为"居家庭院"设计模式。到80年代的时候,不仅在德国、荷兰等西欧国家被广泛应用,中欧国家也开始采用。到了90年代,交通稳静化已经成为这些国家治理交通环境经常采用的手段。

第一个交通稳静化项目是1976年北莱茵河—威斯特伐利亚的居民街道。交通稳静化方案当时和现在的目标都是:

(1)改善道路安全。
(2)减少过境交通。
(3)降低车辆速度。

(4)创造更多的空地。

(5)为树木、灌木和花坛提供更多的空间。

对稳静化设计的"前"和"后"效果进行了广泛研究之后发现,其在减少事故数量、降低严重性以及减少过境交通方面,效果显著。

2. 交通稳静化在国内的发展前景

当前国内城市交通拥堵严重,私人小汽车的增长速度远远大于道路增长,造成了居民生活环境质量恶化。且中国城市存在很多老城区,这些城区内道路狭窄,设施落后,历史保护建筑较多,迫切需要可以引导交通慢行、景观友好、环境舒适的道路体系,为此,运用交通稳静化技术在城市改造与设计方面是一个比较务实的选择。

目前,在步行系统、自行车系统、机动车系统中,机动车是事实上的优先。进一步的是人们将越来越重视在机动车系统中提出的公交优先的理念,这种理念的实现要有一个过程,但这是解决城市交通问题的必由之路。对于自行车系统的限制及步行系统的歧视行为应该重新思考,城市交通的多样化是需求的结果,特别是非机动车系统在发达国家已经重新大力提倡。因此需要吸取发达国家的交通经验,重视公交与私人小汽车定位问题、步行系统设计与完善问题,促进自行车环境发展问题、居住环境交通影响问题以及交通安全问题。交通稳静化研究领域如图 12-1 所示。

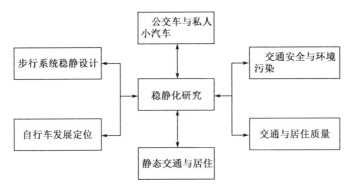

图 12-1 交通稳静化研究领域

(图片来源:交通运输工程与信息学报,城市交通稳静化探讨)

3. 交通稳静化定义

对于交通稳静化目前尚无统一的定义,本教材采用 1997 年 ITE(Institute of Transportation Engineering)在佛罗里达 Tampa 市的会议上对交通稳静化给出的定义:通过系统的硬设施(如物理措施等)及软设施(政策、立法、技术标准等)降低机动车对居民生活质量及环境的负效应,改变鲁莽驾驶行为,改造行人及非机动车环境,以期达到交通安全以及可居住与出行舒适化的目的。该理念体现的是"主动型安全"的设计思想。

交通稳静化的设计初衷是基于这样一个认识:一个交通系统所需要服务的群体是多元化的,机动车辆并不是唯一的服务对象,其中还包括大量的行人与非机动车交通。解决的办法是在城市道路交通系统中的不同地点和不同层次,应实行不同的优先权分配方案。在居住区、城市支路中应当充分考虑小汽车之外的其他交通方式出行者的安全需要,采取措施使这些地区的机动车运行速度下降到一个舒缓而没有威胁的水平。

二、交通稳静化理念

交通稳静化的理念实质是追求交通与其他方面的全面协调,即与景观和谐、与居住和谐、与安全和谐、与人文和谐。具体理念包括从居住区交通稳静化过渡到城市系统的稳静化,从静态到动态的交通管理,从单一减速设计技术到多元化设计。图 12-2 为交通畅通—稳静化—交通和谐型示意图。

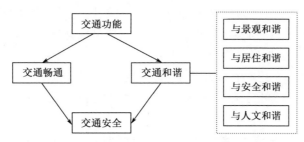

图 12-2　交通畅通—稳静化—交通和谐型
(图片来源:交通运输工程与信息学报,城市交通稳静化探讨)

最初的交通稳静化设施主要是以降低和控制车速为目标,随着应用范围的扩展,交通稳静化的目标向多元化发展。到现阶段,交通稳静化的目标扩展到如下几方面:

(1)交通稳静化应以当地民众的期望和行为偏好作为指导原则,并对不同群体民众的诉求进行整合,力求使交通稳静化方案能够满足不同群体的需要。

(2)降低机动车辆的速度仍然是交通稳静化的主要目标之一。为了达到这一目标,需要在选择道路的设计速度、行车道宽度、交通控制方案等方面采用与传统思维不同的技术路线,将以机动车效益指标为核心的道路建设与管理体系,调整为以全体道路使用者的效益为核心指标。

(3)交通稳静化的最终目的不但是要提高机动车、自行车、行人以及居民的交通安全水平,还要改善道路交通系统的安全感受,这样不但能够实质性地提高交通运营的安全,也会为所有类型的道路使用者提供一个舒适和愉悦的交通环境。

(4)除速度外,应将交通量控制也纳入交通稳静化的目标中,在必要的地点对机动车通行实行限制。

→第二节　街道稳静化技术概况

一、稳静化技术介绍

1. 稳静化措施的应用范围

从稳静化概念角度来看,交通稳静化主要应用于解决交通慢行、安全以及交通景观协调等问题。一般来说,稳静化主要应用于以下区域和地点:

(1)城市支路及交叉口。
(2)居住区内部道路、广场。
(3)校园、单位内部道路。

(4)整体治理的街巷、街区。

(5)人流量大、交通复杂的交叉口。

稳静化措施不适于快速路与城市干道,不能指望运用稳静化措施来减少交通阻塞。

2.稳静化技术分类

交通稳静化技术涵盖了设施设计、交通管理、信号控制、心理分析等多重技术和政策手段。从不同角度看有多种分类方式:

(1)从实施手段来看,可分为硬件类和软件类。硬件类主要指运用新型设施、材料以及改变几何外形等物理手段达到预期要求。软件类主要从管理手段、规划手段方面进行政策性改善措施。本教材主要探讨稳静化与道路设计相关的技术手段。

(2)从设计对象来看,可分为路段、交叉口、集散广场、停车区域、小区或整体街区等。

(3)从设计目的来看,可分为限速设计、停车设计、慢行设计、景观协调设计、综合设计等。

(4)从设计手段来看,主要有设置减速带、设置路面改造、道路变宽、绿化改善、特殊形式交叉口等方式。

二、稳静化主导技术

交通稳静化设施主要依据交通工程学、交通安全工程、人机工程学方法的整合,即流量管制和速度管制设施,其中,速度管制分为垂直式、水平式及路宽缩减式。

流量管制多数采用路障式,以造成驾驶员行驶不便而减少穿越性交通量;速度管制中垂直式主要是在路面垂直方向强制机动车减速,水平式是在道路侧向方向施加影响迫使机动车谨慎慢行,而路宽缩减式方法则运用驾驶员视觉及心理紧张达到减速效果。

稳静设施主要表现在降低车速、减少车流量、减少交通冲突、减少对环境影响、合理交通分流、有效组织交通等方面(表12-1)。但在采取交通稳静物理措施时,应注意特殊通行性问题(救援车辆)、对非机动车的影响、设施投资以及维护成本。

交通稳静化主导技术及作用 表12-1

稳静措施		降低车速	减少车流	减少事故	降低污染
水平式速度管理设施	路缘延伸	↓↓	—	—	↓
	转盘	↓↓↓	↓↓	↓↓	↓
	波纹形道路	↓↓	—	↓↓	↓
垂直式速度管理设施	速度坡	↓↓↓	—	↓↓	—
	速度垫	↓↓	—	↓↓	—
	垫高的交叉口	↓↓	—	↓↓	—
	垫高的行人过街	↓↓	—	↓↓	—
路宽缩减式速度管理设施	路口宽度缩减	↓↓↓	—	↓↓	—
	路口车流渠化岛	↓↓	↓↓	↓↓	—
	路中间隔离岛	↓↓	—	↓↓	—
	路段宽度缩减	↓↓↓	↓↓	↓↓	—

续上表

稳静措施		降低车速	减少车流	减少事故	降低污染
流量管制式	街道全封闭设施	—	↓↓↓	↓↓↓	↓
	街道半封闭设施	—	↓↓↓	↓↓	↓
	路口转向半封闭设施	↓↓	↓↓	—	↓
	路口对角线封闭设施	—	↓↓↓	—	↓

注：↓↓↓：作用显著；↓↓：作用中等；↓：作用微弱；—：无作用。
（表格来源：交通运输工程与信息学报，城市交通稳静化探讨）

第三节 街道稳静化技术的具体应用

一、老城居民区中的应用

由于老城区人口密度较大以及老城区建设时各项交通基础设施不够完善，伴随着城市机动化程度加剧，弱势交通群体及公众利益无法得到保障，因此有必要采取交通稳静化措施使得老城居民区道路上的机动车运行速度下降到一个舒缓而没有威胁的水平。稳静化设施较多应用于车流量较少的社区道路，对于交通量巨大的城市主干道并不适用。

另外在城市规划方面，大多数城市的干道环线周边区域被划分为工业区，既方便产业运输，也将主要的货运机动车交通规避在主城区之外，这为在市区内实施交通稳静化措施夯实了基础。

具体的稳静化措施包括以下几个方面：

1. 减速铺装

交通稳静化需要以保护老城的古城风貌为前提，过度的街道改造将破坏古城风貌。减速铺装是一种相对影响较少的稳静化设施。

铺装减速设计方式主要有两种：一种是在岔路口或人行道换用与古城风格一致的石材铺装，另一种是在岔路口使用卵石铺装路肩。这两种铺装设计能在视觉上引起驾驶员注意，同时也具有物理减速功能。

2. 车道窄化

车道窄化是对道路的宽度进行压缩，从而迫使驾驶员降低车速通行。街道实施车道窄化的方式具体有三种方式：修建人行道；修建中央保留区；修建自行车道。

通过实行街道窄化，降低了车道宽度，限制了车速，也拓宽了人行空间，方便了行人沿街行走，提升了过街安全系数，自行车骑行者亦能从中获利。还有一点值得注意，窄化设施应与街道边缘排水设施合理衔接，防止街道积水对步行者造成阻碍。

3. 减速弯道

减速弯道的基本设计思想是，如果街道是直的，那么就要用减速弯道把它们变成弯曲的,而降低机动车速度。由于这种减速弯道对道路形象改变较大,所以通常应用于新城区。此外,设置减速弯道对道路宽度和车流量的要求较高,因为减速弯道对汽车行驶影响较大,不适宜放置在车流密集的狭窄车道上。

4.路旁停车

在居住区密集的区域,通常将道路两侧车道设置为停车位。满布的停车一方面将人行道与车行道隔离开,保护步行区;另一方面缩减了街道尺度,对驾驶员产生视觉阻碍,迫使其放慢速度,提升行人过街安全。

5.道路封闭

在老城区内,许多街区采取了道路封闭措施,道路封闭方式包括路口摆放花坛、设置栅栏、设置石质路障等。其中最广泛运用的方式为固定式栏柱与可活动式栏柱相结合,中间的栏柱可受遥控降低或升高,以方便消防车、警车等特殊用途车辆通过。实行道路封闭的街区面积通常不大,防止因过度限制机动交通而产生的不便。

6.安全岛

安全岛一般设置在干道中并与人行横道相结合,保障行人过街安全。安全岛通常设计细致,与交通功能及周边环境相适宜。老城区安全岛使用与道路周边环境匹配的铺装,保持古城风貌。新城区由于车流量较大,安全岛可被漆成醒目的红色,提醒驾驶员注意。安全岛还能起到车行分流作用,为自行车道留出通行空间。

二、交叉口应用

1.凸起交叉口

凸起交叉口是把整个交叉口区域全部平凸起的一种交叉口,且四周与各进口道斜坡过渡,平凸部分一般用砖或有纹理的材料建造。凸起高度往往与人行道一样高。适用于行人交通量大,且无法使用需要占用停车空间的其他稳静化控制措施的交叉口。凸起交叉口具体形式之一如图12-3所示。

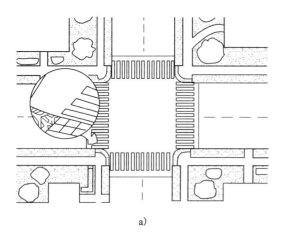

a) b)

图12-3 凸起交叉口形式之一
a)凸起交叉口设计简图;b)凸起交叉口实际应用图
(图片来源于网络)

优点：同时改善了行人和机动车的交通安全性，如果设计得当，视觉美观度较好；可以同时净化两条相交道路。

缺点：造价可能较高，可能影响路面排水；在降低车速方面不如减速丘、减速台和凸起的人行横道效果好。

2. 交叉口设置微型环道

在交叉口的中心位置设置一个微型环岛（直径为 4~10m），车辆通过时绕岛逆时针行驶，进出交叉口采用停车让行方式，可以有效地降低车速，减少事故率。微型环岛还可以通过渠化和景观设计优化行车环境。交叉口设置微型岛的具体形式如图 12-4 所示。

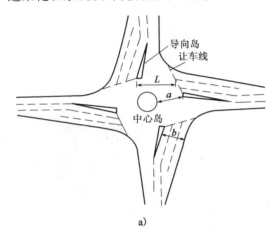

图 12-4 交叉口设置微型环岛具体形状
a) 交叉口设置微型环岛设计简图；b) 交叉口设置微型环岛实际应用图
L-进口停车让行线至下一冲突点的距离；a-环道宽度；b-进口道车道总宽度

优点：可以根据交叉口的实际情况进行设计，从而更能满足交通需求；有效地减少了交叉口处的冲突，使得通行更加安全。调查显示，这种微型环形交叉口可以有效地降低行车速度，减少 50%~90% 的交叉口事故；微型环岛范围内可以进行景观设计，引导驾驶员更加关注道路情况；对畸形和多路交叉口也是适用的。

缺点：可能会限制大型车辆通行；若没有其他的速度控制措施，步行和骑自行车通行会有一定的安全问题。

因此，在设计时需要考虑到以下几个方面：微型应凸出于路面之上，引起驾驶员的足够重视；配套设置速度控制措施如减速带，可以使通行更加安全；对于可能会出现的机动车挤占非机动车道的情况，设计时可以使入口适当偏移一定角度，迫使机动车减速，保障公众安全。

3. 变形交叉口

变形交叉口较多应用在三路交叉口，它通过改变直行进口道的线形，使直行车流强制变为转弯通过，从而降低行驶车速。如图 12-5 所示。

图 12-5 变形交叉口形式之一

优点:可有效地降低交叉口的车速,特别对于那些容易被驾驶员忽视的 T 形交叉口,能够有效地提高交通安全性。

缺点:路缘重置造价较高;对于"切角绕行"的车辆需要额外的路权。

第四节　街道稳静化设计要点

一、减速带设置

1. 减速丘设置

减速丘是横穿行车道的圆拱形突起构造物。断面形式通常有正弦曲线、圆曲线、抛物线和折线形四种,其中正弦曲线和圆曲线最为常见。其宽度为 3～5m,高度为 7.6～10cm。接近路缘部分应设置渐变段以利于排水。减速丘一般用于对车速控制要求较高但对噪声及空气质量要求不高的地段。减速丘具体形式之一如图 12-6 所示。

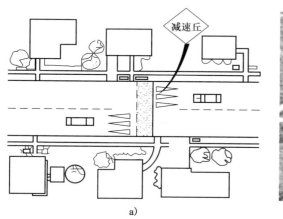

图 12-6　减速丘示意图
a)减速丘设计简图;b)减速丘实际应用图

优点:造价较低,对自行车行驶影响较小,且减速效果明显。

缺点:行车舒适度降低,并且影响道路美观性。减速丘几何尺寸如图 12-7 所示。

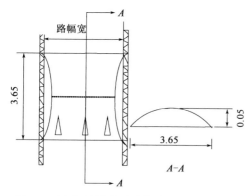

图 12-7　减速丘几何尺寸示意图(尺寸单位:m)

在使用效果上,根据以往资料显示,对于 3.65m 宽的减速丘,使 85% 的车辆的行车速度平均降低 22%,平均事故率降低 11%;对于 4.25m 宽的减速丘,分别降低 23% 和 41%。

2. 减速台设置

减速台与减速丘基本原理相同,只是应用范围更广,主要是因其断面呈梯形且纵向长度较长的设计方式,并且若将平台部分设计高度与道路两旁的人行道同高,利用其平台部分加以纹理化处理,即可形成垫高的人行横道。建议高度最好在 5~10cm,中间平台长度最佳设计长度为 2~3.5m。为了增大减速效果,可以结合纹理路面的设计原理,增大路面摩擦系数;也可以铺装有纹理的铺砖或者有纹理的建筑材料等。减速台示意图如图 12-8 所示。

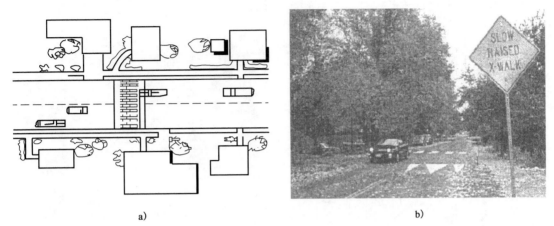

图 12-8　减速台示意图
a)减速台设计简图;b)减速台实际应用图

优点:比减速丘平坦,大型车辆(如急救车辆)易于通行;但降低车辆行驶幅度不如减速丘,适合于行驶速度较高的路段。

缺点:不采用纹理材料,造价较低,但会影响道路美观;而采用纹理材料,虽然提示性和美观性较好,但造价太高;增加噪声和汽车尾气排放。

二、道路变窄设置

车道窄化是对道路的宽度进行缩窄,从而迫使驾驶员降低车速通行。车道断面窄化措施包括交叉口瓶颈化、中心岛窄化及路面窄化。

1. 交叉口瓶颈化

交叉口瓶颈化(Neckdown)是指交叉口处两侧路缘向中间延伸,从而减少进口宽度的交叉口。通过缩短行人穿越交叉口距离和凸起的交通岛使得机动车容易注意到行人,因此,成为一种"行人化"交叉口。适用于行人活动频繁且不易使用垂直速度控制措施带来噪声的地点。

优点:改善了行人的交通空间;大型车比较容易进行直行和左转;能够提供受保护的路面停车区;能够降低车速,特别是右转车辆。

缺点:如果不配以垂直或水平速度控制措施,则效果有限;可能降低右转救援车辆的车速;可能使得自行车暂时与机动车合流。其效果可使运行车速平均降低 7%。

交叉口瓶颈化具体形式之一如图 12-9 所示。

2. 中心岛窄化

中心岛窄化(Center Island Narrowing)是在街道中线上设置凸起的中心交通岛,以窄化两侧的车行道。往往对中心岛进行绿化,以提高视觉美感。该措施适用于社区出入口处和街道较宽、行人过街需要较长时间的地点。

优点:提高了行人交通安全性;如果设计得当,视觉美观度较好;可以降低车速和减少交通量。

缺点:如果不配以垂直或水平速度控制措施,则减速效果有限;可能占用一部分路边停车空间。中心岛窄化具体形式之一如图12-10所示。

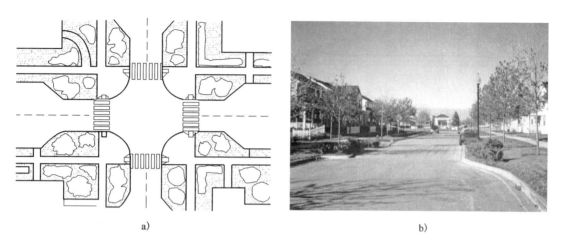

图 12-9　交叉口瓶颈化具体形式之一
a)交叉口瓶颈化简图;b)交叉口瓶颈化实际应用图

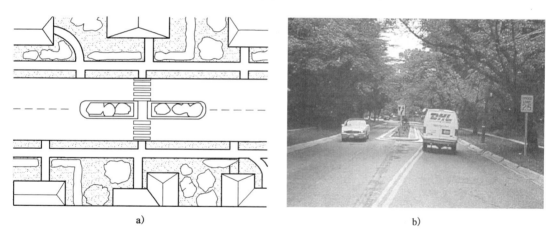

图 12-10　中心岛窄化具体形式之一
a)中心岛窄化设计简图;b)中心岛窄化实际应用图

3. 路面窄化

路面窄化(Choker)是在行人过街处,通过拓宽人行道或绿化带来延伸路缘,以窄化道路断面的一种方式。如果配以人行横道标线,就是所谓的"安全人行横道"。适合于需要限制速度,而且又不缺少路边停车泊位的地点。

优点:大型车可较容易通过;如果设计得当,视觉美观度较好;能同时控制速度和交通量。

缺点:若不配以垂直或水平速度控制措施,则减速效果有限;可能使得自行车暂时与机动车合流;可能占用一部分路边停车空间。其效果可使85%的车辆的运行车速平均降低7%。

路面窄化具体形式之一如图 12-11 所示。

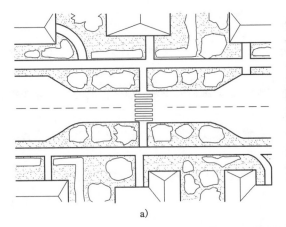

a)　　　　　　　　　　　　　　　　b)

图 12-11　路面窄化具体形式之一
a)路面窄化设计简图;b)路面窄化实际应用图

【本章小结】

本章主要介绍了交通稳静化的理念、技术分类及其作用、稳静化技术的应用场所和设计要点。在学习本章内容时,重点应思考本章内容可以应用的区域、条件以及选取最合适的方法。当然,稳静化技术还在不断成熟之中,目前依然有越来越多的新技术成果和实践用于该类设计。

【思考题】

1. 稳静化的理念与传统道路的设计差异在哪里?
2. 稳静化的主导措施有哪些?举例说明。
3. 稳静化在交叉口的应用有哪些?并说明它们的优缺点。
4. 街道稳静化的要点有哪些?
5. 学习本章后,试着说明你对稳静化的理解。

参考文献

[1] 中华人民共和国国家标准.GB 50220—95 城市道路交通规划设计规范[S].北京:中国计划出版社,1995.

[2] 中华人民共和国行业标准.CJJ 37—2012 城市道路工程设计规范[S].北京:中国建筑工业出版社,2012.

[3] 中华人民共和国行业标准.CJJ 75—1997 城市道路绿化规划设计规范[S].北京:中国建筑工业出版社,1997.

[4] 中华人民共和国行业标准.CJJ 69—1995 城市人行天桥与人行地道技术规范[S].北京:中国建筑工业出版社,1996.

[5] 陆化普.交通规划理论与方法[M].北京:清华大学出版社,2006.

[6] 赵恩棠,刘晞柏.道路交通安全[M].北京:人民交通出版社,1990.

[7] 熊广忠.城市道路美学[M].北京:中国建筑工业出版社,1990.

[8] 文国玮.城市交通与道路系统规划[M].北京:清华大学出版社,2013.

[9] 沈建武,吴瑞麟.城市交通分析与道路设计[M].武汉:武汉大学出版社,2001.

[10] 李作敏.交通工程学[M].北京:人民交通出版社,2000.

[11] 沈志云.交通运输工程学[M].北京:人民交通出版社,2003.

[12] 吴瑞麟,沈建武.道路规划与勘测设计[M].广州:华南理工大学出版社,2002.

[13] 汉斯·洛伦茨.公路线形与环境设计[M].北京:人民交通出版社,1988.

[14] 陈洪仁.道路交叉设计[M].北京:人民交通出版社,1991.

[15] 徐吉谦.交通工程总论[M].北京:人民交通出版社,1991.

[16] 周荣沾.城市道路设计[M].北京:人民交通出版社,2000.

[17] 北京市政设计院[M].给水排水设计手册 第5册 城市排水[M].北京:中国建筑工业出版社,1986.

[18] 张雨化.道路勘测设计[M].北京:人民交通出版社,2004.

[19] 重庆建筑工程学院.排水工程[M].北京:中国建筑工业出版社,1987.

[20] 姚雨霖.城市给水排水[M].北京:中国建筑工业出版社,1985.

[21] 戴慎志,陈践.城市给水排水工程规划[M].合肥:安徽科学技术出版社,1999.

[22] 北京市政设计院.城市道路设计手册[M].北京:中国建筑工业出版社,1985.

[23] AASHTO. A policy on geometric design of highways and streets[M]. Washington. D. C:AASHTO,2011.

[24] AASHTO. Highway capacity manual [M]. Washington. D. C:AASHTO,2010.

[25] 沈建武,吴瑞麟.城市道路与交通[M].武汉:武汉大学出版社,2006.

[26] 中华人民共和国行业标准.CJJ 129—2009 城市快速路设计规程[S].北京:中国建筑工业出版社,2009.

[27] 中华人民共和国行业标准.CJJ 152—2010 城市道路交叉口设计规程[S].北京:中国建筑工业出版社,2011.

[28] 吴瑞麟,李亚梅,张先勇.公路勘测设计[M].武汉:华中科技大学出版社,2010.
[29] 吴瑞麟,沈建武.城市道路设计[M].北京:人民交通出版社,2011.
[30] 中华人民共和国行业标准.JTG B01—2014 公路工程技术标准[S].北京:人民交通出版社股份有限公司,2014.
[31] 中华人民共和国行业标准.CJJ 193—2012 城市道路路线设计规范[S].北京:中国建筑工业出版社,2012.
[32] 中华人民共和国国家标准.GB 50647—2011 城市道路交叉口规划规范[S].北京:中国计划出版社,2011.
[33] 中华人民共和国国家标准.GB/T 51149—2016 城市停车规划规范[S].北京:中国建筑工业出版社,2016.
[34] 中华人民共和国国家标准.GB 50763—2012 无障碍设计规范[S].北京:中国建筑工业出版社,2012.
[35] 中华人民共和国行业标准.CJJ 83—2016 城乡建设用地竖向规划规范[S].北京:中国建筑工业出版社,2016.
[36] 中华人民共和国国家标准.GB 51038—2015 城市道路交通标志和标线设置规范[S].北京:中国计划出版社,2015.
[37] 卡门·哈斯克劳,英奇·诺尔德,格特·比科尔.文明的街道——交通稳静化指南[M].北京:中国建筑工业出版社,2008.
[38] [日]土木学会.道路景观设计[M].章俊华,陆伟,雷芸,译.北京:中国建筑工业出版社,2003.
[39] 徐循初.城市道路与交通规划[M].北京:中国建筑工业出版社,2005.
[40] 邵黎霞,腾旭秋,裴玉龙.城市道路与交通[M].北京:科学出版社,2010.
[41] 刘远才.道路勘测设计[M].北京:中国电力出版社,2010.
[42] 李继业.城市道路设计与实例[M].北京:化学工业出版社,2011.
[43] 彼得·琼斯,娜塔莉亚·布热科,斯蒂芬·马歇尔.交通链路与城市空间[M].北京:中国建筑工业出版社,2012.